LADRÕES DA
ALEGRIA

LADRÕES DA ALEGRIA

HERNANDES DIAS LOPES

Princípios de Deus
para **manter** sua vida
cheia de alegria

© 2002 por Hernandes Dias Lopes

1ª edição: outubro de 2018
12ª reimpressão: maio de 2023

REVISÃO
Josemar de S. Pinto
Raquel Soares Fleischner

DIAGRAMAÇÃO
Aldair Dutra de Assis

CAPA
Souto Crescimento de Marca

EDITOR
Aldo Menezes

COORDENADOR DE PRODUÇÃO
Mauro Terrengui

IMPRESSÃO E ACABAMENTO
Imprensa da Fé

As opiniões, as interpretações e os conceitos emitidos nesta obra são de responsabilidade do autor e não refletem necessariamente o ponto de vista da Hagnos.

Todos os direitos desta edição reservados à
EDITORA HAGNOS LTDA.
Rua Geraldo Flausino Gomes, 42, conj. 41
CEP 04575-060 — São Paulo, SP
Tel.: (11) 5990-3308

E-mail: hagnos@hagnos.com.br
Home page: www.hagnos.com.br

Editora associada à:

Dados Internacionais de Catalogação na Publicação (CIP)
(Câmara Brasileira do Livro, SP, Brasil)

Lopes, Hernandes Dias

    Ladrões da alegria: princípios de Deus para manter sua vida cheia de alegria / Hernandes Dias Lopes São Paulo: Hagnos, 2002.

    ISBN 85-88234-51-35

    1. Alegria - Aspectos religiosos
    2. Felicidade - Aspectos religiosos
    3. Vida cristã
    I. Título

02-2763   CDD 248.4

Índices para catálogo sistemático:
    1. Alegría: Vida cristã   248.4
    2. Felicidade: Vida cristã   248.4

Dedico este livro
à minha querida esposa, Udemilta,
e aos meus preciosos filhos, Thiago e Mariana,
pela bênção que são em minha vida
e pelo encorajamento e apoio
no ministério da Palavra.

Sumário

Prefácio 9
Prefácio do autor 11
Introdução 15

1. As circunstâncias 23
2. As pessoas 35
3. As coisas materiais 47
4. A ansiedade 55

Conclusão 73

P R E F Á C I O

Desde meus anos de seminário eu tenho aprendido a ler livros mediante três critérios: o autor, o assunto e a capacidade do autor de escrever sobre aquele assunto.

No caso de "Ladrões da Alegria" não um só destes critérios é satisfeito, mas todos eles. Senão vejamos:

- O autor já escreveu várias outras obras, sobre diferentes assuntos, e sempre o fez com precisão, transformando estes livros em bênçãos para seus leitores. Desta forma ele está inscrito, de forma definitiva, no rol daqueles de quem você pode e deve ler tudo o que ele escrever.
- Por outro lado, quem de nós, servos fiéis de Jesus, tendo a alegria da salvação e a manifestação dos frutos do Espírito, sendo que a alegria é um deles, já não sentiu que nossa alegria estava escapulindo de nós como pelos dedos sem que soubéssemos a razão e, principalmente, o meio de mantê-la. Este livro pode nos ajudar muito nesse exercício prático e necessário.
- O autor é homem preparado. Leitor voraz, dos maiores que conheço, ele tem procurado se aprimorar no ministério. Além disso, em sua vida pessoal e familiar ele tem enfrentado lutas, algumas que eu chamaria mesmo de tragédias, conseguindo manter o equilibrio, a serenidade e a alegria de viver. Por fim, como pastor e líder presbiteriano ele tem acompanhado e aconselhado centenas, talvez milhares de pessoas, ajudando-as a identificar e prender os ladrões da alegria.
- Conheço Rev. Hernandes Dias Lopes desde nosso tempo de seminário, tendo depois pastoreado igrejas na mesma região que

ele. Nossa relação tem sido muito próxima, a ponte dele dizer, às vezes de público, que somos confidentes um do outro. Assim eu posso afirmar com convicção, que você tem nas mãos um livro escrito por um homem de Deus, ungido, preparado e, especialista nesta área, ou seja, um verdadeiro "caçador de ladrões de alegria".

Leia e Confira!

Rev. George Alberto Canêlhas

Prefácio do autor

Vivemos no melhor dos tempos e no pior dos tempos: tempo de oportunidades e tempo de decepções; tempo de conquistas gloriosas e tempo de retrocessos desastrosos; tempo de glórias excelsas e tempo de opróbrio ignominioso. Somos uma geração privilegiada. Nossos antepassados não viram o que os nossos olhos contemplam. Eles jamais poderiam imaginar como seria este mundo com naves espaciais, aviões a jato, televisão, fax, telefone celular, computador, correio eletrônico, internet. No século passado, para que Dona Leopoldina mandasse do Rio de Janeiro a São Paulo um emissário a D. Pedro I, o veículo mais rápido de comunicação que ela encontrou, foi um cavalo de corrida.

Hoje o homem vai à lua, faz viagens interplanetárias e realiza pesquisas no espaço sideral. O grande cientista Isaac Newton, no século 18, entregue às suas meditações, num arroubo de previsão escatológica, chegou a afirmar que o homem, dado ao seu avanço científico, chegaria ainda a correr com a velocidade fantástica de 60 Km/hora. Voltaire, grande enciclopedista, ao ouvir o arrojo de Newton, trovejou do alto de sua refinada sapiência: "Se o homem pudesse chegar a essa velocidade fantástica de 60 Km/hora, ele morreria sufocado." Ah! O nosso mundo verdadeiramente mudou. Ele é outro. É um mundo fantástico. Esse é o mundo da cibernética, da engenharia genética, da clonagem, da tomografia computadorizada. Esse é um mundo fantástico, o reino da fantasia, o império dos milagres colossais da ciência. Além disso, o planeta Terra, tornou-se uma aldeia mundial. Parece que estamos todos juntos num mesmo barco. É o fenômeno da globalização.

Esse mundo teria tudo para ser feliz. Na verdade, muitos sonharam com um paraíso na Terra, construído pelo próprio homem. Thomas More, escreveu UTOPIA. Ele imaginou que o mundo seria uma ilha, onde não haveria desordem, nem ódio, nem necessidade de leis e tribunais. Ele sonhou com um mundo onde o amor seria o oxigênio que todos respirariam.

Augusto Comte, pai do Positivismo, disse que esse mundo perfeito, viria através da educação. O homem seria feliz, à medida em que as massas fossem arrancadas do negrume da ignorância. Karl Marx levantou-se e disse que o mundo seria um paraíso, quando não houvesse mais classes burguesas, quando todos fossem proletários. Jan Jacques Rousseau, já dizia que o homem é bom por natureza. Os filósofos antigos já haviam afirmado que o homem é a medida de todas as coisas. John Locke acreditava que o homem é produto do meio. Por isso, se construíssemos para ele um paraíso, a vida seria verdadeiramente feliz. Mas a esperança do homem é vã, quando ela não está fundamentada na Palavra de Deus.

A Bíblia diz que o homem é concebido em pecado. Toda a inclinação do seu coração é para o mal. Os ímpios desviam-se desde a sua concepção. A estultícia está ligada ao coração da criança. O coração do homem é enganoso e desesperadamente corrupto. O homem caiu num jardim, num paraíso. A maldade está dentro do seu coração e não apenas no meio em que vive. Por isso, a transformação da sociedade não pode ser eficaz apenas dando ao homem conhecimento, cultura e ciência. Não basta mudar as estruturas sociais. Não basta apenas combater os vícios econômicos. Não basta apenas tirar o homem da favela, é preciso tirar a favela de dentro do homem.

O homem do século 20 subiu ao apogeu da glória, em suas conquistas científicas, mas assistiu a maior carnificina da história, retratada em duas sangrentas guerras mundiais, revelando quão mostruoso é o homem sem Deus, mesmo dentro de estruturas sociais bafejadas por cultura, ciência e progresso. Nossa sociedade assiste, com desespero, a situação do homem pós-moderno, que depois de subir todos os degraus da fama, percebeu que o seu trofeu é o nada, é o vazio. O homem pós-moderno já não tem mais sonhos para sonhar. Está com a esperança morta. Ele vive num torpor ideológico. Ele está desiludido com todas as ideologias. Nem o capitalismo nem o socialismo conseguiram dar respostas aos anseios do seu coração. Ele não acredita mais nas propostas políticas. A ciência agigantou-se, mas destruímos o nosso ecossistema. O buraco na camada de ozônio está cada vez maior. A natureza se contorce de dores. Nossos rios estão poluídos, nossas praias estão sendo invadidas por esgotos pútridos. O homem pós-moderno está desencantado com as artes. O belo perdeu o seu referencial. No campo religioso, talvez a desilusão ainda seja mais profunda. Na verdade, o homem hoje está decepcionado com tudo. Parece que o chão foi tirado de debaixo dos seus pés. Suas esperanças faliram. Seus sonhos morreram. Suas perspectivas são sombrias. Por isso, esse é o século que vê sua juventude derramando drogas nas veias, jogando sua vida num mar de lama, deixando suas esperanças escoarem pelo ralo da história. Esse é o século da promiscuidade desbragada, dos valores invertidos e pervertidos que empurram nosso povo para um abismo degradante.

Esse é o século da desvalorização da vida, da bancorrota da decência, da morte da virtude. Esse é o século que vê os homens caminhando em densa escuridão, arrastados por um sincretismo pagão, buscando soluções mágicas e imediatas para suas angústias.

É nesse contexto tumultuado, que desejo lhe falar sobre a alegria verdadeira. A alegria de Deus, do céu, que pode invadir a sua vida, libertar a sua alma dos grilhões da infelicidade. Sirvo-me do título de um dos capítulos do livro "Seja Alegre" de Warren Wirsbe, para fazer a presente abordagem. Caminhe comigo. Veja como ser verdadeiramente feliz! Largue agora os trapos da tristeza. Levante-se! Você pode ser uma pessoa alegre, verdadeiramente alegre, eternamente alegre!

INTRODUÇÃO

Quero fazer-lhe uma pergunta pessoal.

Sei que perguntas pessoais parecem indiscretas. Sei que elas nos constrangem e nos colocam contra a parede. Sei que nos sentimos ameaçados, devassados e invadidos em nossa privacidade quando confrontados por uma pergunta pessoal.

A pergunta que lhe faço é:

— Você é uma pessoa feliz? Você é uma pessoa alegre?

Por favor, não seja apressado em responder. Tenha calma. É melhor pensar um pouco. Esta pergunta não é tão óbvia.

— Você é realmente feliz?

Em 1991, visitei com um grupo de irmãos de nossa cidade, a Missão Kwa Sizabantu, na África do Sul, onde Deus derramou do Seu Espírito com grande poder, em 1966, trazendo sobre os zulus, sob o ministério do Rev. Erlo Stegen, um grande avivamento. Uma das mulheres da nossa caravana, aproximou-se da esposa de um dos missionários e lhe perguntou:

— Você é submissa ao seu marido?

A resposta dela foi desconcertante e extraordinária:

— Eu posso lhe garantir que o meu marido me ama; agora, se sou submissa a ele, esta pergunta tem que ser feita a ele e não a mim.

Percebeu? Mudo, então, minha pergunta:

Você, que é casada, seu marido sabe que você é uma mulher feliz?

Sua esposa sabe que você é um homem feliz? Seus filhos sabem que você é uma mulher alegre? Seus pais sabem que você é um filho alegre?

Em Provérbios 31:28, lemos que os filhos da mulher virtuosa levantaram-se e lhe chamaram de mulher ditosa, feliz. As pessoas que estão próximas de você podem dizer a mesma coisa a seu respeito? Longe dos

16 LADRÕES DA ALEGRIA

holofotes, fora do palco, quando você retira as máscaras, você é feliz? Quando acabam os cosméticos das aparências, quando as pessoas mergulham nas águas profundas do seu coração, é possível encontrar lá alegria?

Talvez você esteja pensando: será possível ser feliz e alegre num mundo como este em que vivemos?

Estamos entrincheirados por crises medonhas que garroteiam e sufocam o nosso povo. Vivemos num mundo timbrado pela desigualdade social aviltante, quando poucos encastelam-se no fausto e no luxo e uma maioria esmagadora amarga toda sorte de infortúnio.

Vivemos numa sociedade cruel, violenta, onde muitos seres humanos, criados à imagem de Deus, soçobram caquéticas, surradas pela fome estonteante.

Vivemos num mundo encharcado de sangue, derramado por homens-pedras, homens bestiais, que se embruteceram e se animalizaram, tornando nossas cidades em palco de medo e em campo de guerra. Não há mais segurança. Os assaltos, os seqüestros e os estupros acontecem à luz do dia.

Vivemos sob o império do medo. Os homens livres precisam viver enjaulados atrás de grades, pois os criminosos andam soltos. Os antros do narcotráfico multiplicam-se, desafiando a ordem e a lei. Muitas vezes, homens pervertidos, mesmo atrás das grades, controlam máfias inteiras, como cérebros de crimes hediondos, de assaltos a bancos e seqüestros dramáticos. A moral está enlameada, aviltada numa sociedade hedonista, sem valores absolutos, sem freios, sem saber mais distinguir o certo do errado.

Neste mundo perdido, confuso, o homem afunda-se cada vez mais no atoleiro das suas paixões e se perde no cipoal de seus desejos desenfreados. Até no seu sorriso, o homem ímpio esconde a sua dor. Por trás da pompa há vestígios de profunda tristeza. Sorrisos profissionalmente produzidos escondem corações amargurados. Vivemos numa sociedade doente, sucateada pelo pecado, dominada pelos vícios degradantes, ferida pelos traumas que a assolam.

Num mundo assim, é possível ser feliz? No meio do vale, é possível encontrar um motivo de cântico? Na noite trevosa do choro, é possível

INTRODUÇÃO 17

sonhar com uma manhã de alegria? Há alguém que inspire canções de louvor nas noites escuras?

A mídia, todo dia, empanturra as pessoas com notícias trágicas. Os jornais exploram o catastrófico. Parece que as pessoas têm uma atração mórbida por tudo aquilo que é asqueroso e vil. Por isso, as pessoas estão cheias de fobias, com os nervos à flor da pele.

A cada dia está se tornando cada vez mais perigoso viver, sair às ruas, ir ao banco, ou mesmo ficar em casa. O lar hoje é um dos lugares mais perigosos para a sobrevivência do homem. Campeia aí toda sorte de degradação e violência.

Vivemos numa geração traumatizada, ferida emocionalmente, perturbada psicologicamente, desgovernada moralmente, timbrada pela tristeza e desesperança.

Será possível ser feliz num mundo como este, quando os próprios artistas que se propõem a levar diversão e descontração para as pessoas estão imersos num caudal de profunda tristeza? Será possível ser alegre num mundo que geme no estertor de sua agonia?

Há um hino evangélico que é apreciado e cantado no mundo inteiro. Sua letra é rica, sua música é sublime. O autor diz:

Se paz a mais doce me deres gozar
Se dor a mais forte sofrer
Oh seja onde for
Tu me fazes saber
Que feliz com Jesus sempre sou.
SOU FELIZ COM JESUS
SOU FELIZ COM JESUS MEU SENHOR!

A primeira vez que ouvi esta bela canção, pensei que o autor devia estar no auge da sua felicidade, num dia de grande exultação, aspergido pelo orvalho da mais excelsa alegria. Fiquei profundamente emocionado ao saber que o Deus que inspira canções nas noites escuras inspirou-o a compor esta música, num dos dias mais tristes e tenebrosos da sua vida. Toda a sua família havia saído para um passeio de férias;

sua esposa e suas filhas haviam embarcado em um navio. No meio da viagem, o navio naufragou em alto mar. Suas filhas pereceram inapelavelmente naquele trágico acidente.

Somente sua esposa escapou. Ele, então, ao saber da dolorosa notícia, foi ao local do naufrágio e enquanto seu barco era açoitado pela fúria dos ventos e surrado pelo golpe implacável das ondas, deixou brotar do seu coração, que sangrava de dor, esta canção imortal: "SOU FELIZ COM JESUS!" Sim, é possível ser feliz na dor. É possível temperar a alegria com as próprias lágrimas. É possível cantar, mesmo vestido de luto. É importante observar que na língua inglesa, em que originalmente este hino foi composto, o verbo ser e estar é o mesmo: "to be". Entretanto, na língua portuguesa, há uma grande diferença entre ser e estar. Estar fala do que é passageiro e efêmero. Ser descreve o que é permanente e perene. Observe que o autor não diz: estou feliz, mas sou feliz! Um pai que perde suas filhas não pode estar feliz, mas é feliz com Jesus.

Você que está hoje amargando profundo golpe, como uma lâmina a rasgar-lhe o peito, abrindo sulcos em sua carne, fazendo jorrar o seu sangue em aflições crudelíssimas, não está feliz, mas você é feliz com Jesus! Por isso, no início não lhe perguntei se você está feliz, mas se você é feliz. Não lhe indaguei se você está alegre, mas se você é alegre.

Paulo, um veterano soldado de Cristo, acrisolado no cadinho da dor, preso em Roma, carregando no corpo as marcas indeléveis de muitos açoites e na alma os sulcos profundos de muitas lutas, abre seu peito, dilata a sua alma e faz soar sua voz apostólica: "Alegrai-vos sempre no Senhor, outra vez digo, alegrai-vos" (Filipenses 4:4).

Há aqui três coisas a observar.

A primeira é que a alegria é um imperativo. Ser alegre é uma ordem, um mandamento. Não ser alegre é pecado. Não ser alegre é uma desobediência a um mandamento apostólico.

O cristão não tem o direito de ser triste. O cristão não pode viver encaramujado, encavernado, dominado pela tristeza. O Evangelho que ele abraçou é boa nova de grande alegria (Lucas 2:10,11). O fruto do Espírito é alegria (Gálatas 5:22). O reino de Deus que está dentro dele é alegria no Espírito Santo (Romanos 14:17). Na presença de Deus há plenitude de alegria (Salmos 16:11).

O cristão não pode viver se arrastando pela vida cheio de murmuração. Ele deve trocar o espírito angustiado por vestes de louvor (Isaías 61:3), porque a alegria do Senhor é a nossa força (Neemias 8:9). Isso não significa dizer que o cristão não tem problemas. Sim, ele os tem. O cristão passa por vales, mas os transforma em mananciais. O cristão chora nas noites escuras da vida, mas sabe que a alegria vem pela manhã. O cristão é açoitado pela enfermidade, mas experimenta o bálsamo de Gileade. O cristão enfrenta pobreza, mas tem um tesouro no céu e se alegra, porque o seu nome está escrito no livro da vida. O cristão é provado e tentado, mas se alegra no livramento de Deus. Este é o poder do Evangelho: conceder alegria a uma pessoa mesmo na dor, mesmo no sofrimento, mesmo no luto, mesmo diante do martírio.

Paulo está aguardando na prisão a sua sentença. Em breve, seria morto, degolado, mas ele não perde a alegria. Na fornalha da aflição borbulha no seu coração o óleo da alegria. Nada neste mundo nem no porvir pode arrancar a alegria do cristão. Ela é como um selo de Deus na vida do seu povo.

Esse imperativo de Deus não significa que o cristianismo é uma espécie de estoicismo. Vida cristã não é fatalismo. Ser cristão não é cerrar os dentes e agüentar as tragédias da vida sem reação, sem emoção. O vale é lugar de choro. O cristão chora, sofre. Contudo, ele crê que mesmo no choro e na dor, há um propósito. Nada acontece por acaso, sem um plano sábio e amoroso que visa finalmente o nosso bem maior. É no vale que vemos a beleza dos montes. É no vale que aprendemos as grandes lições da vida. É na estrada das provações que fortalecemos nossa musculatura espiritual. É no deserto que Deus trata conosco, nos ensina, nos prova e nos quebranta (Deuteronômio 8:2-5).

Por isso, o cristão crê que todas as coisas cooperam para o bem daqueles que amam a Deus (Romanos 8:28). Não vivemos dando voltas sem rumo. Caminhamos para o alvo. Nossa Pátria está no céu. É para lá que estamos marchando. Nessa caminhada, muitas vezes, sofremos e choramos, mas jamais arriamos a bandeira da alegria. Ela é um imperativo. Ela é o nosso estandarte. Ela é o nosso distintivo.

Ser alegre é um mandamento de Deus!

Em segundo lugar, a alegria é transcircunstancial. Diz Paulo: "alegrai sempre". Nossa vida é marcada por montes e vales, saúde e doença, prosperidade e adversidade, sorrisos e lágrimas. Ser cristão não é ser poupado dos problemas, mas consolados neles. Ser cristão não é ter uma vida bonançosa e plácida, mas ter paz na tempestade. Ser cristão não é viver encastelado, pisando em tapetes macios, mas cruzar desertos inóspitos, na certeza de que Deus caminha conosco. Ser cristão não é ser poupado das fornalhas acesas, mas receber a presença protetora e consoladora do anjo de Deus no meio do fogo (Daniel 3:16-30). Deus não nos abandona nas tormentas nem foge de nós no crepitar do fogo (Isaías 43:2). Deus não nos promete caminhada fácil, mas chegada segura. Deus não nos promete ausência de luta, mas vitória certa. Portanto, nossa alegria deve transcender a circunstância. Não depende da situação, nem das pessoas, nem das coisas. Não é aquilo que as pessoas nos fazem que nos atingem, mas a nossa reação a essas mesmas coisas. José do Egito foi vítima do ciúme, do ódio e da perversidade dos seus irmãos. Eles intentaram e executaram o mal contra ele. Jogaram-no em uma cisterna. Taparam os ouvidos aos seus gritos desesperados por socorro. Endureceram o coração ao ouvirem sua voz pedindo clemência. Venderam-no como mercadoria para os estrangeiros. Mataram-no no coração. Entretanto, não conseguiram sepultá-lo no cemitério da consciência. Aquele pecado estava sempre vivo e a atormentá-lo. Abriram ainda uma ferida no coração do velho pai Jacó, ao mostrarem as provas falsas da morte trágica do irmão. Sustentaram uma mentira durante 20 anos. José, porém, não deixou que a maldade de seus irmãos lhe azedasse a vida. Não se tornou um jovem complexado, revoltado e traumatizado. Antes, honrou a Deus e Deus o tirou do cárcere e o colocou no trono. Os irmãos de José tiveram que se arrastar aos seus pés. Curvaram-se diante dele, que, com o poder nas mãos, ministrou-lhes não vingança, mas amor. Compreendendo que Deus dirige todas as coisas, disse: "Vós, na verdade, intentastes o mal contra mim; porém

Deus o tornou em bem, para fazer, como vedes agora, que se conserve muita gente em vida" (Gênesis 50:20).

Em terceiro lugar, nossa alegria é cristocêntrica. Paulo diz: "alegrai no Senhor". Só conhece essa alegria quem tem Jesus. Essa alegria o mundo não pode dar nem tirar. Não é a alegria superficial e maquiada de uma noite de festa, que se desfaz com o alvorecer. Não é a alegria química, que se evapora deixando um rastro de dor no coração e um profundo vazio na alma. Não é a alegria de uma aventura crepitante e apaixonada, cujo prazer é sufocado pelo desgosto e desfeito pelos açoites violentos de uma consciência cheia de medo e culpa.

A alegria de Jesus é pura, é sincera, é verdadeira, é autêntica, é perene. O homem sem Jesus tem momentos felizes, mas atrás da sua alegria reina um espectro de dor. Até no seu sorriso, ele esconde a dor. Às vezes, ele está feliz, mas não é feliz. Mesmo laureado de riquezas, mesmo no pódio do sucesso, mesmo no apogeu da fama, o vazio da alma não é satisfeito. Isso porque Deus colocou a eternidade no coração do homem. Nada daquilo que é temporal, terreno e humano pode satisfazer a sua alma.

O homem tem um vazio com o formato de Deus no coração. Só Jesus pode preencher esse vazio. Só a alegria que vem do trono de Deus suporta as crises, triunfa sobre as pressões da vida e não naufraga no mar encapelado das circunstâncias adversas. É por isso que Paulo, mesmo já surrado pelo peso dos anos, mesmo chegando em Roma na qualidade não de um missionário, mas de um preso, mesmo não recebendo o apoio necessário da igreja daquela cidade, mesmo acorrentado aos guardas de Nero, não soçobra nas águas profundas da tristeza; antes, diz: "para mim o viver é Cristo" (Filipenses 1:21), "tudo posso naquele que me fortalece" (Filipenses 4:13). É com essa autoridade de um homem que envelhece sem se amargurar, de um homem que, ao ser ferido, jorra do seu coração não revolta, mas doçura e alegria, é que Paulo ergue sua voz e diz: "Alegrai-vos no Senhor, outra vez digo, alegrai-vos" (Filipenses 4:4).

Entretanto, isto é apenas a introdução do que na verdade quero abordar. Levanto aqui a terrível possibilidade de você perder aquilo que lhe pertence. Tenho percebido, no contato com milhares de cristãos, que muitos estão sendo roubados, saqueados e espoliados. Há ladrões que arrombam as portas do nosso coração e roubam a nossa alegria. Há ladrões que sorrateiramente invadem a cidadela da nossa alma e levam embora esse bem precioso que temos. Há muitos cristãos vivendo um arremedo de vida. Caminham cabisbaixos, tristes, abatidos, sem brilho no rosto, sem festa na alma, sem alegria no coração. Perderam a alegria da salvação, perderam o entusiasmo do louvor, perderam o prazer de estar nos átrios do Senhor. Perderam a visão da obra e a paixão pelas almas. Perderam o fervor da oração e o deleite da intimidade com Deus. Vivem mergulhados num caudal de desespero, afogados no oceano de suas lágrimas. Isto porque foram roubados e saqueados por ladrões da alegria. É sobre isto que falarei doravante. Vamos conhecer esses ladrões.

1

As Circunstâncias

O capítulo primeiro de Filipenses fala sobre este ladrão. Muitas vezes nossa alegria é roubada por circunstâncias adversas e até trágicas que golpeiam a porta da nossa vida ou até mesmo arrombam os portais da nossa alma.

Fico imaginando o sonho dourado de uma jovem que sempre acalentou na alma o desejo de se casar com um homem cavalheiro, educado, amável, terno, virtuoso. Entra no namoro cheia de expectativa. Assume o compromisso do noivado com a alma em festa e com o coração embandeirado. O relacionamento é regado de amor; a poesia não falta. O brilho nos olhos, as atitudes nobres, a lhaneza no trato, tudo faz crer que será um casamento maravilhoso. Então, buscam o altar, selam uma aliança de amor perene, unem-se em casamento. O coração explode de alegria. É a consumação de um sonho. Pouco a pouco, aquela jovem esposa começa a notar algo estranho: aquele homem vai se tornando rude, áspero, duro no seu falar, descortês nas suas atitudes, ferino nas suas palavras, descaridoso nos seus gestos. Revela-se um homem grosso, mau, impiedoso, infiel, insolente, irresponsável. E aquele doce sonho vai se transformando num doloroso pesadelo. O lar, que parecia um ninho cálido de afeto, vai se tornando um cenário pardacento, uma arena de amargura, um palco de tortura emocional. O jardim luxuriante do romantismo agora vira um deserto cheio de cactos. O brilho foge da face. A poesia morre no coração. O amor é sufocado e soterrado sem clemência. As promessas feitas no altar são pisadas com escárnio e esquecidas com descaso. Parece até que prometeram arruinar a vida um do outro, arrebentar e infernizar um ao outro.

De repente, dessa relação que nasceu bela como uma flor só restam os espinhos que ferem e sangram. Perderam na caminhada a alegria e só ficaram os destroços de um casamento desfeito nas barras de um tribunal, quebrado pelo divórcio. O amor foi trocado pelas feridas que sangram. Os filhos agredidos, partidos, arrebentados emocional e psicologicamente, ficam mais pobres, mais fracos, mais inseguros, mais traumatizados, mais vitimados pelos preconceitos. Ah, se não tomarmos cuidado, essas circunstâncias podem levar embora a nossa alegria.

Tenho visto, em meu pastorado, tanta gente machucada, ferida, traumatizada com separações que abriram feridas profundas que se recusam a sarar. Tenho visto filhos esmagados pela decepção, torturados pela dor do abandono, colhendo o resultado desastroso do casamento fracassado de seus pais.

Tenho acompanhado muitos pais que, na primavera da vida conjugal, sonharam com a chegada dos filhos. De repente, o silêncio do lar é quebrado pelo choro de uma criança. Os pais, cheios de sonhos e ricas expectativas, debruçam sobre o berço e esboçam uma pergunta: "o que virá a ser, pois, essa criança?". Fazem planos, traçam metas, emolduram quadros lindos na mente para adornar o futuro dos filhos. Nessa empreitada, enfrentam, como gigantes, lutas ferrenhas; passam noites indormidas, madrugadas insones, investem tudo, a própria vida, na vida dos filhos. Querem o melhor para eles. Aspiram grandes coisas para os filhos. Para isto, estão dispostos a enfrentar qualquer sacrifício. Mas, infelizmente, muitos pais sorvem o cálice amargo de uma dura realidade, ao verem seus sonhos se desfazendo quais castelos de neve, quais montanhas de açúcar no temporal. Aquele filho criado com tanto amor vai se tornando um adolescente rebelde, irreverente, ingrato, mundano. Aquele jovem cercado de cuidado rompe com todos os valores da sua criação, joga tudo para o ar, pisa com escárnio tudo aquilo que recebeu dos pais e parte com disposição indomável para o mundo, para o pecado, a emporcalhar e enlamear sua vida, seu nome, sua honra nos antros mais abjetos da iniqüidade. Ah, quantos pais atravessam noites amargas, à espera do filho que não chega! Ah, quantos pais não pregam os olhos, atravessando a noite no sofá da sala, aguardando o barulho da fechadura da porta tilintar ou o ruído dos passos de seus filhos tocar o chão da sala! Quantos pais vêem seus filhos chegarem em casa cambaleando, bêbados ou dopados pelas drogas! Quantos pais choram ao verem suas filhas chegaram em casa de madrugada, com suas roupas contaminadas pelo pecado, aviltadas em sua honra! Quantos pais choram com profundo desgosto ao verem seus filhos arrastados nas torrentes caudalosas do vício, perdidos e enfeitiçados pela sedução do mundo, enganados pelos laços do diabo, presos nas teias mortais do pecado! Ah, se não tomarmos cuidado, essas circunstâncias podem roubar nossa alegria e nos tornar secos como os cactos do deserto.

Conheço muitas pessoas que curtem hoje a dor da falência, pois naufragaram em seus negócios, sucumbiram financeiramente, foram golpeadas pela bancarrota e estão na lona.

Outras pessoas foram vítimas de uma catástrofe e perderam da noite para o dia tudo que construíram ao longo de vários anos. Certo dia, pregando em uma igreja, após o sermão, um homem veio ao meu encontro e, chorando convulsivamente, me abraçou e me disse:

— Pastor, tudo o que construí em 20 anos de trabalho, o fogo devorou em meia hora.

Um incêndio monstruoso queimou a sua loja e só restou um rastro de cinza.

Não poucos também são aqueles que vivem o drama cotidiano de uma vida financeira escassa, que bebem de uma fonte quase seca. Há ainda aqueles que passam pelo drama do desemprego ou vivem o constante pesadelo da possibilidade de ser mandado embora e despejado num mercado de trabalho cada vez mais saturado e concorrido. Milhares de jovens saem da universidade com o canudo na mão e encontram diante de si portas trancadas e perdem o ideal, abortam os sonhos ou correm atrás de novas chances fora do país.

Essas tensões são verdadeiros ladrões da alegria.

Ainda contemplo aqueles que viram o castelo de seus sonhos ruírem, ao terem que enfrentar a realidade sombria de uma enfermidade súbita, que chega sem pedir licença, que resiste a todos os esforços, que vai drenando as forças, que vai estiolando o vigor, minando as energias e desbarrancando toda a esperança de um futuro promissor. A doença, implacável, não respeita idade, nem sexo, nem posição social. Ela chega e arranca dos nossos braços aqueles a quem amamos, deixando em nosso peito um vazio, uma dor, uma profunda saudade.

São ladrões que podem roubar a nossa alegria.

O ano de 1982 foi um tempo doloroso para a minha vida. Estava começando o meu ministério na Primeira Igreja Presbiteriana de Bragança Paulista (SP). Já no ano de 1981, último ano do seminário, fiquei doente, na época que estava preparando minha tese. A saudade de casa, a falta da presença materna, a escassez de recursos para um tratamento adequado, tudo isso me fazia triste. Mas quando estava envolvido em minhas preocupações, recebo a dolorosa notícia que meu irmão mais velho havia sido vítima de atentado e que um homem havia lhe desferido 11 golpes de faca e ele estava à beira da morte. Meu coração gelou. Minha alma ficou coberta de dor. Estava há mais de 1:200 quilômetros de casa. Naquela noite não dormi. Viajei às pressas para ver o meu irmão, com medo de não encontrá-lo vivo mais. Quando cheguei, a situação era dramática. Meu irmão estava à morte. Além de sua situação crítica, havia muita revolta contra a pessoa que o havia esfaqueado. Nem bem entrei no quarto onde meu irmão estava todo entubado, outro irmão mais novo, Hermes, chamou-me em particular e me disse:

— Nosso pai está gravemente enfermo. Ele está com câncer.

Naquele momento, parece que o chão fugiu debaixo dos meus pés. Senti como que um soco em meu peito. Parecia que uma tempestade açoitava minha alma, não a deixando sossegar. Deus, porém, me socorreu. Meu irmão, depois de 30 dias balanceando entre a vida e a morte, recuperou-se. Meu pai foi operado e tudo voltou a ficar mais calmo.

Então, em 1982, comecei meu ministério. Tudo parecia calmo. Até que, no dia 2 de agosto daquele ano, recebi a notícia que meu irmão Hermes havia sido assassinado por um primo em primeiro grau de sua esposa. Foi um golpe doloroso demais. É infinitamente mais doloroso perder um ente querido assassinado. É o vazio da perda misturado com a revolta e o medo das futuras conseqüências. São muitos sentimentos para serem administrados. Ah! Como foi difícil administrar aquela situação a mais de mil quilômetros de distância. Quase todas as noites, eu sonhava com o meu irmão. Meu coração sangrava. Quatro meses, depois, no dia 1º de dezembro, recebo a notícia que meu pai também havia falecido. Mais um golpe. Mais uma perda. Mais um ladrão da alegria! Sim, eu sei que não é fácil experimentar paz no vale, gozar de verdadeira alegria no sofrimento, mas esta é a herança dos filhos de Deus, pois Ele inspira canções de alegria, mesmo nas noites escuras.

Outro ladrão da alegria são as crises conjugais, que cavam abismos, abrem feridas e deixam marcas profundas e traumas imensos na vida da família. É o casamento que se arrebenta e naufraga nos rochedos da infidelidade conjugal. São os filhos que são rasgados emocionalmente e largados como destroços destes acidentes de percurso. São famílias inteiras e gerações futuras que vão sofrer as seqüelas destes males que grassam em nossa sociedade pós-moderna.

Diante de tantas circunstâncias dolorosas, será que é possível ser uma pessoa alegre? Falar em alegria num mundo que geme no estertor da morte não seria estoicismo? Não seria utópico? É bom recordar que Paulo não fala de alegria de uma forma teórica. Ele não é um catedrático togado, empoleirado na tribuna de uma escola, blasonando palavras bonitas, derramando uma verborragia piegas. Não, Paulo é um guerreiro, que aprende a ser feliz e a viver contente na urdidura da batalha, no fogo cruzado da guerra, nas trincheiras da luta. É um homem que temperou sua alegria com o suor do seu trabalho e com as lágrimas de suas aflições. Ele fala à igreja de Filipos que as coisas que lhe aconteceram têm antes contribuído para o progresso do Evangelho (Filipenses 1:12). Que coisas são essas?

Eis como foi sua jornada: de perseguidor implacável dos cristãos, tornou-se um homem convertido. Na estrada de Damasco conheceu o Jesus a quem perseguia. Ficou cego diante do fulgor da glória de Cristo. Seu coração cheio de ódio foi trocado por um novo coração. Ali em Damasco, foi curado e revestido com o Espírito Santo.

Ali anunciou a Jesus (Atos 9:20,21). Dali foi para a região da Arábia, onde ficou cerca de três anos, fazendo uma reciclagem em sua teologia (Gálatas 1:15-17). Leu com sofreguidão o Antigo Testamento. Encontrou com clareza as profecias messiânicas. Agora, tudo estava

28 LADRÕES DA ALEGRIA

claro. Jesus era verdadeiramente o Messias, o Cristo. Então, ele volta para Damasco (Gálatas 1:17) e agora não apenas prega, mas demonstra acuradamente que este Jesus é o Cristo (Atos 9:22). Sua exposição é minuciosa, meticulosa e precisa. Entretanto, em vez de ser acolhido, perseguem-no. Precisa fugir da cidade para salvar sua vida (Atos 9:23-25). Não é fácil para um novo convertido, entusiasmado com a pregação, ser perseguido. Poderia ser um choque. Poderia se decepcionar. Aquela perseguição foi um duro golpe para ele. Dali ele saiu e foi para Jerusalém (Atos 9:26-28). Certamente, lá encontraria abrigo, acolhida e pronta e plena aceitação. Lá estavam os apóstolos. Lá estava a igreja-mãe. Ao contrário, quando ele chegou, os apóstolos não confiaram nele. Não o acolheram. Paulo, então, sentiu a dor de ser rejeitado. Esta é uma dor profunda: não ser aceito, não ser amado, não ser recebido onde esperávamos ter uma acolhida calorosa. Aceitação é uma necessidade básica da vida humana. Ninguém pode viver saudavelmente sem amor. Não somos uma ilha. Deus não nos criou para a solidão nem para o isolamento. A igreja precisa ser uma família, um corpo, onde as pessoas sejam amadas e acolhidas com vívido afeto. Uma pessoa não consegue ficar em uma igreja onde ela não tem amigos. Paulo não encontrou abrigo na igreja de Jerusalém a partir dos seus próprios líderes, os apóstolos. Isso certamente foi um golpe. Ele não se abateu. Não deixou que a sua alegria fosse roubada. Foi então que apareceu Barnabé, o filho da consolação, para abraçá-lo, recebê-lo, valorizá-lo e integrá-lo na vida da igreja (Atos 9:27). Barnabé sempre investiu na vida dos outros (Atos 4:36,37; 11:22-26;15:37-39). Sempre buscou ajudar alguém. Sempre foi uma fonte de consolo para os abatidos. Agora, Paulo está entrosado. Seu ministério deslanchando. Seus sonhos eram elevados. Tinha projetos arrojados no coração: evangelizar a cidade de Jerusalém e ganhá-la para Cristo. Tudo parecia se encaminhar para o cumprimento desse ideal, que, por sinal, era muito nobre.

No apogeu da sua empolgação, no auge do seu trabalho, Deus mesmo aparece para ele em sonhos e o dispensa da obra (Atos 22:17-21). Deus o manda arrumar as malas e sair de Jerusalém, dizendo que o povo não ia lhe dar ouvidos. Paulo não entende. Paulo discute com

Deus, argumenta e expõe sua discordância. Ele queria ficar. Ele queria fazer ali um grande ministério. Para ele, Deus estava cometendo um erro estratégico, tirando-o de cena. Deus, porém, não muda; é Paulo quem precisa mudar e mudar-se. E diz o texto sagrado, em Atos 9:31, que quando Paulo arrumou as malas e foi embora, a igreja começou a crescer e a ter paz. Esse foi um doloroso golpe no orgulho desse homem. Parecia que ele era um estorvo e não uma bênção. É que Deus estava tratando com ele. Deus estava mostrando para ele que tudo depende do céu e não da terra, de Deus e não do homem.

Deus deixa Paulo cerca de dez anos em Tarso, no anonimato, no silêncio, de molho, esquecido, sem projeção, longe dos holofotes, das multidões, do assédio das pessoas, da plataforma. Deus deita por terra toda a sua vaidade. Esvazia-o de todas as suas pretensões. Golpeia seu orgulho e põe o machado na raiz de seus projetos mais acalentados. Deus está mostrando que quem dirige é Ele e não o homem. Primeiro devemos nos esvaziar de nós mesmos, para sermos cheios de Deus. Os nossos sonhos devem perecer para que os de Deus se tornem realidade em nossas vidas. Não é a vontade do homem que deve ser feita no céu, mas a vontade de Deus que deve ser cumprida na terra.

Depois de 14 anos de convertido, enquanto explode um avivamento em Antioquia da Síria, Barnabé mais uma vez se lembra de Paulo e vai buscá-lo (Atos 11:25-26). Agora, encontra um homem certamente mais humilde, mais quebrantado. Durante um ano, eles ensinam a Palavra em Antioquia, com resultados extraordinários (Atos 11:26). Então, o Espírito disse para separar Barnabé e Saulo para a obra missionária (Atos 13:2).

Perceba você que o tratamento de Deus com ele não terminara. Os escolhidos são Barnabé e Saulo e não Saulo e Barnabé. Você já foi segundo alguma vez? Você já ficou no time de reserva alguma vez? Você já experimentou a realidade de ter sempre alguém fazendo sombra em você? Você já teve a sensação de que você é sempre o último e não o primeiro? Pois foi certamente isso que Saulo sentiu. Ninguém consegue ser um líder sem primeiro ser humilde e respeitar a liderança de outro. Antes de Deus colocar Davi no trono, Ele o quebrantou, tirando o Saul que estava no seu coração. Deus gosta de trabalhar com homens quebrantados. Deus trabalhou primeiro em Paulo, para depois usá-lo. Primeiro Deus opera em nós, para depois trabalhar através de nós.

Barnabé e Saulo partiram para a primeira viagem missionária sob a ordem e a direção do Espírito Santo e bênção e comissionamento da igreja (Atos 13:3-4). Eles não eram aventureiros nem estavam fazendo turismo. Estavam no centro da vontade de Deus. Agora, Paulo está pronto para ser o líder. Agora ele sabe que sua suficiência não vem dele, mas de Deus (2Coríntios 2:14-3:1-6). Agora, ele descobriu o que é passar da antiga para a nova aliança. Antes, tudo dependia dele e nada de Deus. Agora, tudo depende de Deus e nada dele. Agora vive, não ele, mas Cristo nele (Gálatas 2:20). Agora, sua vida, seu modelo, seu alvo e sua força, é o Senhor Jesus. Eis que algo trágico acontece-lhes nessa viagem missionária. Esperavam que tudo aconteceria às mil maravilhas, sem nenhum transtorno, sem nenhum acidente, pois estavam fazendo tão-somente a vontade de Deus e cumprindo a agenda do Espírito. Quando chegam em Listra, Paulo é apedrejado e arrastado da cidade como morto (Atos 14:19). Muitos hoje, afeitos à teologia da confissão positiva, ficariam escandalizados com esse incidente. Muitos hoje ficariam decepcionados com Deus, amargurados e revoltados. Poderiam reclamar e dizer: "Mas Deus, eu estou fazendo a tua vontade e a tua obra, por que isto aconteceu comigo?"

Contudo, Paulo não ficou amargurado. Não ficou decepcionado com Deus. Não questionou o amor de Deus. Não pôs em dúvida sua vocação. Não desanimou nem ficou com medo de prosseguir; pelo contrário, seguiu adiante com heroísmo e determinação. Muitos missionários deixaram o lar, a Pátria, o conforto e foram para terras distantes, sofrendo o perigo de doenças endêmicas, vivendo longe de todo conforto, sem perder o brilho da alegria. Carlos Studd, fruto do ministério de Dwight Moddy na Inglaterra, deixando para trás sua riqueza e fama de excelente esportista, abraçando a obra missionária, ao ser questionado sobre o sacrifício que estava fazendo, respondeu:

— Se Jesus Cristo é Deus e Ele deu a sua vida por mim, então não há sacrifício que eu possa fazer por amor a Ele.

AS CIRCUNSTÂNCIAS

Ashbel Green Simonton era filho de médico. Seu pai fora deputado por duas legislaturas. Ele foi consagrado ao ministério pelos seus pais no batismo. Ao terminar seu curso no Seminário de Princeton, recebeu vários convites para pastorear igrejas grandes nos Estados Unidos;seu chamado ministerial, porém, era para o Brasil. Muitos amigos tentaram demovê-lo, alertando-o para os perigos e desvantagens de deixar o conforto para vir para um país pobre. Ele, então, respondeu:

Não há lugar mais perigoso para um homem do que fora da vontade de Deus. Porém, o lugar mais perigoso é totalmente seguro quando se está fazendo a vontade do Senhor.

Precisamos ter a postura daquele comandante que enfrentou uma grave tempestade e, alertado sobre os perigos que conspiravam contra eles, respondeu:

Viver não é preciso. Importa navegar.

Foi por isso que Paulo empreendeu uma segunda viagem missionária. Queria ir para a Á sia, mas Deus mudou o rumo de sua jornada e o levou para a Europa (Atos 16:6-10). Em Filipos, foi açoitado em praça pública (Atos 16:19-26). Foi preso e acorrentado no tronco. Foi envergonhado, aviltado, insultado e ferido. Poderia estar curtindo sua revolta e decepção. Poderia estar questionando o amor de Deus. Poderia estar duvidando da direção do Espírito. Mas não, à meia noite, com o corpo ensangüentado, canta e ora na cadeia. Da sua alma brota não murmuração, mas louvor. Dos seus lábios promanam não revolta, mas oração triunfante.

Quanto mais lhe ferem, mas exala o perfume de Cristo. O apedrejamento, os açoites, a prisão, os apupos da multidão tresloucada e sanguissedenta não roubaram sua alegria. Por isso, vê nascer na cadeia uma igreja na Europa, com a conversão do próprio carcereiro. Dali vai para Tessalônica e a cidade se alvoroça com a sanha dos perseguidores (Atos 17:5). Parte para Beréia e a oposição feroz não se ausenta dele (Atos 17:13). Chega em Atenas e o chamam de tagarela (Atos 17:18). Vai para Corinto e o acusam no tribunal, julgando-o um impostor (Atos 18:12). Paulo parece um homem de aço, suporta açoites, cadeias, frio, desertos, fome, perigos, naufrágios, ameaças, sem perder a alegria.

Eis como ele relata sua própria experiência: "São ministros de Cristo? (Falo como fora de mim.) Eu ainda mais: em trabalhos, muito mais; muito mais em prisões; em açoites, sem medida; em perigos de morte, muitas vezes. Cinco vezes recebi dos judeus uma quarentena de açoites menos um; fui três vezes fustigado com varas; uma vez, apedrejado; em naufrágio, três vezes; uma noite e um dia passei na voragem do mar; em jornadas, muitas vezes; em perigos de rios, em perigos de salteadores, em perigos entre patrícios, em perigos entre gentios, em perigos na cidade, em perigos no deserto, em perigos no mar, em perigos entre falsos irmãos; em trabalhos e fadigas, em vigílias, muitas vezes; em fome e sede, em jejuns, muitas vezes; em frio e nudez. Além das coisas exteriores, há o que pesa sobre mim diariamente, a preocupação com todas as igrejas" (2Coríntios 11. 23-28).

Escrevendo aos gálatas Paulo diz: "Quanto ao mais, ninguém me moleste; porque eu trago no corpo as marcas de Jesus" (Gálatas 6:17).

Em Éfeso, na terceira viagem missionária, ensinou com lágrimas a igreja, dia e noite, durante três anos (Atos 20:31). Ali enfrentou perseguições crudelíssimas e provações acima de suas forças. Deus, contudo, o sustentou. Agora, já velho, trazendo no corpo as marcas de Jesus, não pensa em jubilação, não idealiza uma aposentadoria fora da arena da luta espiritual, mas empreende gigantesco esforço para ajudar a igreja da Judéia, que passa grande calamidade financeira. Recolhe ofertas das igrejas da Macedônia e Acaia para ajudar os irmãos que estão necessitados.

Todavia, quando ele chega em Cesaréia, os irmãos profeticamente o alertam para não ir para Jerusalém, porque o povo não o esperava com um culto de ações de graça, mas com cadeias e prisões. Ele, imperturbavelmente, sem amargura, sem esperar recompensa, respondeu como um príncipe de Deus, que estava pronto não só a ser preso, mas também a morrer pelo nome de Jesus (Atos 21:13,14). Foi e de fato foi preso (Atos 21:27,28). Os judeus, cheios de inveja, ciúmes, mancomunados com as autoridades religiosas, planejaram sua morte sumária. Ele, então, foi escoltado para Cesaréia e ali, preso, foi acusado injustamente durante dois anos no governo de Félix e Festo (Atos 23:31-22:1-9).

AS CIRCUNSTÂNCIAS

Usando seu direito de cidadão romano, apelou para ser julgado em Roma (Atos 25:11,12). Aliás, Deus o queria em Roma para dar testemunho naquela cidade. Era seu sonho pessoal ir à capital do império como missionário (Romanos 15:30-33). Entretanto, vai como prisioneiro (Atos 27:1). Tinha tudo para ser uma viagem segura. Era da vontade de Deus levá-lo a Roma. A viagem foi dramática. Enfrentaram ventos contrários, tempestades borrascosas e tufões violentos. Durante 14 dias o navio foi açoitado com rigor desmesurado e todos os 276 passageiros perderam a esperança de sobreviver, exceto Paulo (Atos 17:20-26). Na tempestade, ele não perdeu a alegria, mas foi consolado pelo anjo do Senhor. O navio pereceu, mas as vidas foram salvas. Na ilha de Malta, molhados, transidos de frio, buscaram alguns gravetos para acender uma fogueira e uma víbora morde no dedo logo de Paulo (Atos 28:1-6).

Alguém poderia pensar: esse homem é pé-frio, é um azarado. Tudo dá errado na vida dele. Onde ele chega tem problema. Ser cristão não é deixar de ter problema, mas vencê-lo pelo poder de Deus. O veneno da víbora não o matou; pelo contrário, ele orou pelos enfermos da ilha e todos foram curados (Atos 28:8,9). Chegou, enfim, em Roma, mas como prisioneiro, sem pompa, sem comissão de recepção e foi logo para a prisão, tendo ainda que pagar o aluguel da casa, onde ficou preso (Atos 28:16). Apesar disso, no seu coração não há espaço para mágoa. Ele está alegre e diz para a igreja: quero que vocês saibam que as coisas que me aconteceram têm antes contribuído para o progresso do Evangelho (Filipenses 1:12).

Poderíamos alistar algumas coisas que esta prisão contribuiu para o progresso do Evangelho: primeira, a igreja ficou mais encorajada a testemunhar o nome de Cristo. Segunda, os soldados de Nero, a guarda pretoriana, começaram a se converter e agora há santos na casa de César (Filipenses 4:22). Terceira, da prisão ele escreve várias cartas como Efésios, Filipenses, Colossenses, que vão abençoar a igreja de Deus ao longo dos séculos. Na verdade, Paulo vê em tudo um plano de Deus. Não se considera prisioneiro de César, mas de Cristo (Efésios 4:1). Para ele, o viver é Cristo e o morrer é lucro (Filipenses 1:21). Nenhuma circunstância pode roubar sua alegria de viver vitoriosamente. Aleluia! Paulo olha para o passado e vê a mão de Deus em todos os acontecimentos de sua vida e diz que eles contribuíram para o progresso do Evangelho. Olha para o presente e vê uma igreja que procura ainda mais fazê-lo sofrer, suscitando tribulação às suas cadeias (Filipenses 1:15-17), mas ele se recusa a ficar magoado, triste. Ele responde como um príncipe de Deus: "Todavia, que importa? Uma vez que Cristo, de qualquer modo, está sendo pregado, quer por pretexto, quer por verdade, também com isto me regozijo, sim, sempre me regozijarei." (Filipenses 1:18). Olha para o futuro em, mesmo diante da ameaça da morte, não perde o brilho da alegria e diz: "com toda ousadia, como sempre, também agora, será Cristo engrandecido no meu corpo, quer pela vida, quer pela morte" (Filipenses 1:20). Para Paulo, morrer não é uma tragédia, mas lucro (Filipenses 1:21). Partir não é viajar para o vazio, não é navegar para mares desconhecidos, mas "estar com Cristo, o que é incomparavelmente melhor" (Filipenses 1:23).

Infelizmente, muitas pessoas acham que o cristianismo é um seguro contra as tempestades da vida. Há aqueles que pregam que o cristão não pode ter problemas, não pode ser pobre nem ficar doente. Não foi essa, porém, a experiência de Paulo. Não é esse o ensino das Escrituras. A glória excelsa do cristianismo é que ele dá poder ao homem para enfrentar as adversidades, sem perder a alegria inefável e cheia de glória.

2

AS PESSOAS

As pessoas nos fazem sofrer mais do que as circunstâncias adversas. Choramos mais pelas feridas provocadas pelas pessoas do que pelos revezes das circunstâncias. Possivelmente você traga no peito a ferida ou a cicatriz provocada por uma pessoa que lhe magoou. As pessoas nos decepcionam. Nós decepcionamos as pessoas. Somos, muitas vezes, algozes e não consoladores; abridores de feridas e não terapeutas da alma. Somos flageladores dos nossos irmãos, muitas vezes, e não amigos solidários que os sustentam nas horas de fraqueza.

Somos capazes de chorar algumas vezes, condoídos com a dor dos nossos irmãos, como os amigos de Jó, para, logo depois, atingi-los impiedosamente com nossas palavras ferinas e acusações descaridosas. Encarnamos muitos vezes a figura de um Doegue, espalhador inconseqüente de boatos que geram morte e tragédia no arraial de Deus (1Samuel 21:7-9; 22:6-19).

Na igreja de Filipos havia duas mulheres que estavam em conflito: Evódia e Síntique. Essas mulheres estavam batendo de frente uma com a outra. Há igrejas que estão em pé de guerra. Há irmãos que não se falam, não se olham, não se toleram, não se amam. Reúnem-se no mesmo lugar, cantam os mesmos hinos, escutam o mesmo pastor, participam da mesma Ceia, cantam no mesmo coral, mas são inimigos. Estão com o coração cheio de ranço e amargura.

Paulo fala no capítulo 2 de Filipenses que muitas pessoas estavam trabalhando na igreja com motivações erradas: uns trabalhavam para se autoprojetar, ou seja, por vanglória (v. 3). Há pessoas que só põem a mão no arado quando estão em evidência. Como os fariseus, amam os primeiros lugares, gostam de aplausos, buscam os holofotes. Há uma batalhão de gente assim na igreja, buscando a sua própria glória e não a de Cristo. Querem reconhecimento, anseiam avidamente pelos louros, gostam de subir ao pódio, amam ter seus nomes nas manchetes dos jornais. Fazem do Evangelho um trampolim para saltar nas alturas de seus sonhos megalomaníacos. Só que Deus não reparte sua glória com ninguém. Ele resiste ao soberbo (1Pedro 5:5). A soberba precede a ruína. Por isso, todo egocêntrico é infeliz.

Paulo afirma que outros trabalham na igreja para projetar seu grupo, seu time, ou seja, fazem as coisas por partidarismo (v. 3). Há muitas igrejas loteadas em grupinhos engessados, impenetráveis, onde não há espaço para ninguém mais entrar. O trabalho é feito não para a glória de Deus nem para o progresso do Evangelho, mas para a projeção do grupo. Nenhuma idéia nova é aceita, se não brota do próprio grupo. Eles se consideram os donos da igreja, os detentores do poder, os caudilhos empoleirados no poder de comando. Qualquer pessoa nova que chega é vista como ameaça ao seu status. São como Diótrefes, que gostava da primazia, amava os primeiros lugares e via todo crente que chegava a igreja como uma ameaça à sua posição (3João 9-11).

Como é triste ver gente trabalhando na igreja com motivações erradas, suando a camisa, construindo projetos, amealhando fama apenas para condecorar com as medalhas ao mérito sua ganância de auto-reconhecimento. Esse tipo de atitude, esse tipo de gente arrebenta com a comunhão da igreja, quebra o espírito de unidade, provoca feridas, causa dor, espalha estilhaços de amargura no coração das pessoas.

Na verdade, há muitas pessoas machucadas na igreja. Há muitas pessoas que nunca se curaram de seus traumas. Há aqueles que são vítimas de injustiça, de críticas impiedosas, de calúnias devastadoras. Há gente na igreja com a alma amargurada porque foi pisada e aviltada em sua honra e em seu caráter dentro do próprio arraial de Deus. Há muita mágoa não tratada no meio do povo de Deus. Há muita gente sufocada por ressentimentos, quase ao ponto de explodir. Há muita gente nutrindo no coração um ódio que cospe fogo como um vulcão.

O pastor Enéas Tognini, grande avivalista brasileiro, há cerca de 20 anos, ao percorrer nossa pátria, visitando e pregando em centenas de igrejas, chegou à conclusão que o pecado mais constante e presente nessas igrejas era o pecado do ódio. Em minhas andanças pelo Brasil, pregando a Palavra de Deus, conversando com as pessoas, ouvindo líderes, aconselhando pessoas, percebo de igual forma que este problema ainda continua. As pessoas hoje estão entupidas de ressentimento. Há guerra dentro do lar. Há maridos feridos, cheios de decepção com o casamento. Há esposas que vivem um inferno existencial, por conviver com um homem infiel e desleal. Há maridos, profundamente abalados pela infidelidade de suas mulheres. Há filhos arrebentados, vítimas das brigas de seus pais.

Há outros que jamais se curaram dos traumas provocados pelo divórcio dos pais. Há crianças que engolem seco a dura realidade de ver o seu lar se transformando num campo de contendas. Sim, a família está em crise! A alegria está sendo roubada da família. Aquele lugar que deveria ser um refúgio, um oásis, um bálsamo para o coração, está se convertendo em cenário de lágrimas, em arena de disputas e querelas. Os pais, que deveriam ser um ponto de equilíbrio para seus filhos, agridem e os esmagam, tirando-lhes o chão debaixo dos pés, abortando seus sonhos e destruindo suas expectativas. As seqüelas de um lar desajustado, os prejuízos causados por um divórcio perpetuam-se na vida dos filhos por longos anos e atingem as futuras gerações.

A dor é maior quando a ferida é feita por uma pessoa íntima (Salmos 55:12-14). José do Egito sofreu mais pela atitude de seus irmãos, em odiá-lo e vendê-lo como uma mercadoria do que pelas pessoas que o jogaram na cadeia.

Jesus expôs com maior gravidade o pecado de traição de Judas com um beijo falso do que os açoites e golpes que os soldados romanos lhe desferiram.

Davi sofreu mais com a injusta perseguição de seu sogro Saul do que pela fúria de exércitos inimigos que o perseguiam.

Há muitos líderes de igreja machucados. Há muitos soldados na linha de frente feridos. Há pastores que têm trauma das reuniões de liderança em sua igreja. Há reuniões de liderança nas igrejas que parecem mais um campo de guerra do que um concílio de homens de Deus e, ainda, com um agravante: as pessoas ferem os seus próprios aliados.

Pregava certa feita numa reunião de liderança de uma determinada igreja. Enquanto pregava, o pastor que estava comigo ao púlpito chorava copiosamente. Após o culto, ele me procurou e disse:

— Eu sou um pastor ferido. Há cinco anos eu fui enxotado dessa igreja sem nenhuma humanidade e misericórdia. Até hoje minha esposa chora ao se lembrar daqueles dias tenebrosos. Fui magoado, ultrajado, humilhado. Desde que saí, a ferida se recusa a fechar. Está doendo ainda hoje, como naquela época. Sempre que venho a esta igreja para uma reunião de nossa denominação, dá um nó em minha garganta e eu sinto uma mágoa profunda em meu coração. Eu sinto que minha vida está azeda de ódio. Eu sinto que minha alegria foi saqueada e espoliada. Eu estou cativo deste terrível pecado.

Naquela mesma noite, aquele pastor resolveu procurar alguns líderes daquela igreja para pedir perdão e perdoá-los também. O pecado dos ressentimentos não tratados impediu o crescimento daquela igreja por cinco anos. Eles estavam todo esse tempo sem receber sequer um novo membro na igreja. No dia seguinte, reunimos toda a liderança daquela igreja junto com aquele pastor. Houve confissão de pecado. Houve arrependimento. Houve quebrantamento. Houve restauração e a vida começou a pulsar novamente naquela igreja.

O único remédio para curar essa ferida que as pessoas nos causam e que rouba a nossa alegria é o perdão. Perdão não é coisa fácil.

C. S. Lewis dizia que é fácil falar em perdão, até ter alguma coisa para perdoar. O perdão não é questão de justiça nem de merecimento. O perdão é uma obra da graça de Deus em nós. Perdoar é parar de culpar alguém por uma ofensa cometida contra nós. Perdoar é abrir mão da dívida moral que a pessoa nos devia. Perdoar é deixar a pessoa ir em liberdade e ficar livre. Perdoar é saber que só Deus pode julgar corretamente. É desistir de ser juiz. É colocar o ofensor nas mãos de Deus. É alforriar a pessoa no coração. É não se deixar vencer pelo mal; antes, vencer o mal com o bem.

O Rev. Caio Fábio definiu o perdão como "a amnésia do amor". Perdoar é parar de culpar a pessoa. É cancelar sua dívida conosco e

AS PESSOAS

nunca mais trazê-la à tona. É por isso que a Bíblia nos diz que Deus perdoa e esquece das nossas transgressões (Hebreus 8:12).

O perdão não é sinônimo de silêncio. Muita gente acha que o simples fato de se silenciar diante de uma agressão e agüentar tudo calado estoicamente, que essa postura, por si só, já é perdão. O silêncio não significa perdão. O silêncio pode azedar ainda mais o coração. O silêncio pode gerar um congestionamento, um entupimento das fontes da alma. O silêncio pode não desaguar numa explosão, mas provoca certamente uma implosão. O silêncio é nutrido com um fogo contido que arde sem parar e alimenta o coração de cinzas e arroja a alma no cárcere da tristeza.

Outros pensam que perdão é sinônimo de dar tempo. "Ah! Eu estou dando um tempo! O tempo é um santo remédio para curar as feridas! O tempo é uma terapia que tira a alma das águas profundas da mágoa." Com toda certeza, dar tempo, postergar o confronto, não é a mesma coisa que perdoar. O tempo pode deixar a ferida mais profunda e mais purulenta. O tempo pode gangrenar ainda mais o machucado. Absalão, filho de Davi, por não encontrar no seu pai a disposição para um confronto, numa conversa aberta, começou a nutrir no seu coração uma mágoa profunda. Ele, então, começou a conspirar contra o seu pai, para tomar o reino. Furtou o coração do povo. Perseguiu o pai. Desonrou o pai. E nessa infeliz empreitada morreu. Não! O tempo não sara; adoece. O tempo não cura a ferida; agrava-a. Dar tempo e adiar a solução não é sinônimo de perdão, mas porta aberta para o ressentimento.

O que a Bíblia nos recomenda quando alguém nos decepciona e nos machuca não é deixar a pessoa de lado, não é dar um gelo nem guardar ressentimento no coração. O isolamento é sinal de orgulho. O caminho da cura é o confronto, é a verdade em amor. Quando se trata de confronto, precisamos ter um grande cuidado. Precisamos nos acautelar (Lucas 17:3-5). Isso porque é possível sermos muito rigorosos com as pessoas. Podemos exceder. Podemos machucá-las com a nossa franqueza. Podemos ser injustos com as pessoas. Alguns, em nome da transparência, são impiedosos. Às vezes, em nome do zelo, esmagamos as pessoas. Não podemos esmagar a cana quebrada, nem apagar a torcida que fumega.

É preciso deixar claro que o confronto precisa ser com a pessoa envolvida no problema. Há muita decepção, quando os problemas não são tratados pessoalmente, diretamente. Há feridas difíceis de serem curadas, quando a vida de uma pessoa é atingida e exposta e seu nome é desgastado com comentários maledicentes. Esse tipo de comportamento adoece as relações, quebra a comunhão, atenta contra o amor, fere a verdade e provoca contenda entre os irmãos. Esse é o pecado que a alma de Deus abomina (Provérbios 6:16-19).

O confronto pessoal e direto é bíblico (Gálatas 6:1). Foi o que Natã fez com Davi. Foi a atitude de Jesus com Pedro por duas vezes, a primeira em Cesaréia de Filipe (Mateus 16:23) e a segunda no mar da Galiléia (João 21:15-17). A primeira vez, quando Pedro tentou, por sugestionamento satânico, desviá-lo da cruz, Jesus disse: "Arreda, Satanás! Tu és para mim pedra de tropeço, porque não cogitas das coisas de Deus e sim das dos homens" (Mateus 16:23). Jesus mandou Satanás arredar, mas Pedro deveria ficar, pois em Pedro Jesus continuou investindo. Depois, Jesus o confrontou no Mar da Galiléia, após sua triste negação. Ali, Jesus olhou em seus olhos e, em vez de esmagar a cana quebrada, perguntou: "Tu me amas?" (João 21:15-17). A confrontação em amor é terapia para a alma e abre as portas para o autêntico perdão.

Mas como devemos perdoar? Em primeiro lugar, o perdão deve ser incondicional. Jesus contou a parábola do credor incompassivo (Mateus 18:23-35). Um homem devia dez mil talentos e foi perdoado. Jesus estava usando aqui uma hipérbole, um exagero. Um homem não podia dever essa quantia toda. Dez mil talentos significa 350 mil quilos de ouro ou prata. Todos os impostos da Judéia, Galiléia, Peréia e Samaria durante um ano inteiro somavam 800 talentos. Dez mil talentos eram os impostos de toda a nação judaica durante uns 13 anos. Assim como aquele homem não poderia pagar uma conta tão alta, também nunca poderemos pagar a nossa dívida com

Deus. Nós não merecemos o perdão de Deus, mas Ele no-lo deu gratuitamente, incondicionalmente. É assim que devemos também perdoar as pessoas que nos ofendem. Devemos perdoar até 70 vezes sete (Mateus 18:21,22). Devemos perdoar como Deus em Cristo nos perdoou (Colossenses 3:13).

Em segundo lugar , o perdão deve ser completo. Há pessoas que oferecem um perdão parcial. Absolvem das culpas, mas não restauram o relacionamento. Não cobram o passado, mas não buscam reconciliação no presente e concerto para o futuro.

Quando o filho pródigo voltou para casa, pedindo o perdão do pai, ele foi restaurado à dignidade de filho. Não apenas não houve cobranças com respeito aos seus erros do passado, mas o relacionamento foi restaurado para uma nova vida. Seu pai não o deixou em casa como um trabalhador comum; antes, festejou com júbilo a sua volta. Isso é perdão completo.

Perdão implica restauração. Foi assim que José perdoou os seus irmãos, não apenas deixando de jogá-los no cárcere, mas oferecendo-lhes o melhor do Egito. É assim que Deus trata conosco.

Em terceiro lugar, o perdão deve ser imediato. Sofre muito quem guarda mágoa no coração. A pessoa torna-se escrava de quem ela odeia. A amargura perturba e contamina (Hebreus 12:15). Quando uma pessoa está nutrindo ressentimento no coração, ela não tem paz. Ela se torna um poço de conflito. Sua alma vive perturbada. Quem não perdoa torna-se uma pessoa agressiva, mal-humorada, ranzinza, que contamina quem está do seu lado. Torna-se uma péssima companhia.

Precisamos aprender a perdoar com Jesus. Ele não revidou ultraje com ultraje. Ele não apenas pediu ao Pai para perdoar seus algozes como também atenuou o crime deles: "Pai, perdoa-lhes, porque eles não sabem o que fazem" (Lucas 23:34).

A falta de perdão é um câncer maligno que tem destruído milhões de pessoas. Quem não perdoa vive em cativeiro. Vive acorrentado e subjugado. Quem não perdoa não tem paz nem descanso para a alma. Quem não perdoa azeda o coração, implode, auto-destrói-se. Quem não perdoa é como um vulcão cuspindo fogo antes da devastadora erupção.

Quem não perdoa é entregue aos verdugos. Eles eram torturadores profissionais que arrancavam das pessoas endividadas seu último centavo. A falta de perdão traz tormento no corpo, na mente e no espírito.

Quem não perdoa não consegue orar. É impossível orar corretamente sem perdoar nossos inimigos (Marcos 11:25). Até mesmo o estremecimento da relação conjugal impede a eficácia da oração (1Pedro 3:7).

Quem não perdoa não consegue cultuar a Deus. Nossas ofertas não são aceitas por Deus sem que primeiro acertemos nossas pendências com os nossos irmãos (Mateus 5:23,24). Não podemos receber o perdão de Deus se não perdoarmos (Mateus 6:12). Deus não aceitou a oferta de Caim, porque rejeitou a sua vida. Ele estava com o coração cheio de rancor. Se Deus não tem prazer em nossa vida, Ele não aceita as nossas ofertas nem o nosso culto. Quem não perdoa adoece. A confissão é fonte de cura (Tiago 5:16). Na igreja de Corinto, havia muitos crentes fracos, doentes e outros que já estavam mortos, por adiarem a solução de problemas de relacionamentos que acabaram por azedar a alma e adoecer o corpo (1Coríntios 11:29,30).

Quem não perdoa fica cativo do diabo. Onde não há perdão, Satanás prevalece (1Coríntios 2:10,11). Onde há ira congelada, há porta aberta para o diabo entrar (Efésios 4:26-27).

O perdão, contudo, traz cura. Durante a segunda guerra mundial os judeus foram massacrados com impiedade pelos nazistas. Foram caçados, perseguidos, aviltados, espoliados, dizimados, lançados nos campos de concentração e torturados até à morte. Da carne dos judeus fizeram sabão, dos ossos fizeram armas e dos cabelos fizeram travesseiros para os soldados nazistas, exceto aqueles que foram fuzilados nos paredões, nas valas ou os que foram queimados nas câmaras de gás.

Nesse tempo, uma família foi apanhada na Holanda. Essa família de judeus guardava refugiados da atroz perseguição dentro de sua casa. Eles foram descobertos. Os membros da família foram espalhados pelos diversos lugares de tortura e morte e pereceram. Duas irmãs foram para o mesmo campo de concentração e sofreram crudelíssimas humilhações. Passaram fome, foram açoitadas com desumanidade. Sofreram toda sorte de humilhação em trabalhos forçados. Betsie e Corrie Tem

Boom padeceram na carne sofrimentos indescritíveis. Betsie, a irmã mais velha, não suportando a tortura emocional, moral e física, sucumbiu. Ao ser torturada por um soldado, já fragilizada pelos maus tratos, morreu diante dos olhares aterrorizados de sua irmã Corrie.

Aquela cena marcou a mente de Corrie. O ódio como fogo crepitava em seu coração. Toda a sua família foi esmagada inapelavelmente debaixo das botas infames dos soldados nazistas. Por um milagre de Deus, Corrie saiu do campo de concentração. Sua vida foi poupada da câmara de gás. Um dia, ela estava dando um testemunho numa igreja, na Alemanha, quando um ancião aproximou-se dela e estendeu a mão para cumprimentá-la. Imediatamente, ela o reconheceu: era o soldado nazista que havia açoitado a sua irmã até à morte. Naquele momento, suas entranhas se moveram, seu estômago se revirou, seu coração se envenenou de ódio e todas as lembranças amargas do passado assaltaram a sua mente com grande poder. Ela recolheu a mão e sentiu gosto de sangue na boca. Toda a mágoa congelada no seu coração derreteuse e inundou a sua alma. Ela ficou perturbada. Foi quando o Espírito Santo ministrou ao seu coração, ordenando-a a perdoar aquele homem, ficando livre e deixando-o livre. Ela, então, estendeu a mão e disse:

— Eu sou irmã de Betsie, uma mulher que você torturou até à morte no campo de concentração. Seu crime bárbaro me fez sofrer muito, mas agora eu lhe perdoou em nome de Jesus.

Corrie Tem Boom ficou livre, curada e aliviada daquele terrível fardo e deixou aquele homem também livre.

O texto de Filipenses 2 mostra um modelo supremo de como viver a vida sem azedar. Como sofrer afrontas sem empanturrar-se de amargura. Paulo diz que devemos ter o mesmo sentimento que houve também em Cristo Jesus (v. 5). Que sentimento é esse? Ele se humilhou. Ele, sendo rico, fez-se pobre; sendo Deus, fez-se homem; sendo Espírito imaculado, fez-se carne; sendo Senhor, fez-se servo; sendo bendito, fez-se maldição em nosso lugar; sendo puro, fez-se pecado por nós.

Ele abriu mão da sua glória excelsa, deixou os páramos celestiais e veio ao mundo, vestiu-se de humildade, despojou-se dos privilégios da glória e entrou na nossa história. Sendo Deus todo-poderoso, nasceu de uma mulher; sendo transcendente, deitou em um berço rude e foi envolvido com faixas. Sendo rei supremo sobre o universo, viveu como filho de um carpinteiro; sendo dono do mundo, não tinha onde reclinar a cabeça. Ele se esvaziou completamente. Ele nunca reivindicou seus direitos para humilhar as pessoas; pelo contrário, sendo Ele Senhor e Mestre, cingiu-se com uma toalha e lavou os pés dos discípulos (João 13:1-13). Ele não veio para ser servido, mas para servir.

O grande problema que enfrentamos para nos relacionarmos com as pessoas é o nosso orgulho, é a vaidade tola que temos de querer estar em destaque, sendo o centro das atenções. O egoísmo é uma barreira para um relacionamento saudável. Onde a vaidade impera, a comunhão desaparece. Onde prevalece o sentimento de auto-exaltação morre a possibilidade de harmonia nas relações interpessoais.

Jesus não apenas se humilhou, mas também se sacrificou. Ele sofreu afrontas, Ele foi escarnecido, zombado. A mesma multidão que o aplaudiu ruidosamente, saudando-o com hosanas e vivas de júbilo em sua entrada triunfal em Jerusalém, agora vocifera, tresloucada e sanguissedenta, a plenos pulmões: "Crucifica-o! crucifica-o!" Jesus sofreu o ataque solerte do diabo que o espreitou em toda a sua trajetória. Sofreu o ataque ora velado, ora ostensivo e descaridoso dos fariseus. Enfrentou o ciúme doentio dos sacerdotes e escribas. Defrontou-se com a busca constante de benesses imediatas de uma multidão que apenas o seguia por interesses terrenos e imediatos. Sofreu a traição de Judas, a negação de Pedro, a fúria do Sinédrio, a loucura da multidão acirrada, a covardia de Pilatos, o abandono dos discípulos, a crueldade dos soldados, o suplício dos espinhos a ferir a fronte, a impiedade dos cravos a rasgar-lhe as mãos e os pés, os açoites malditos a surrar o corpo exausto, o lenho tosco, a rude cruz a expô-lo ao maior espetáculo público de horror e vergonha do universo.

Oh! Quanta dor Jesus teve de sofrer. E por que sofreu? Para ter a alegria de nos conquistar com o seu amor, de remir-nos com o seu sangue, de justificar com a sua morte e ressurreição (Isaías 53:11; Hebreus 12:2). Na verdade, quando olhamos para o exemplo de Cristo, percebemos que as pessoas só roubam a nossa alegria, quando estamos com o coração

AS PESSOAS 45

entupido de orgulho e não de disposição de amá-las, perdoá-las e se preciso for, sofrer por elas, para que essa relação seja mantida em comunhão.

Jesus, além de se humilhar e sofrer, também morreu do mais maldito tipo de morte para revelar o seu amor mais profundo. Muitos estão dispostos a viver em comunhão com as pessoas, desde que isto não lhes custe nada. Jesus não mediu as conseqüências quando manifestou o seu amor. Ele foi para a cruz como ovelha muda diante dos seus tosquiadores (Isaías 53). Ele não abriu a sua boca. Ele não revidou ultraje com ultraje. Ele não amaldiçoou nem lançou contra seus algozes libelos imprecatórios, mas intercedeu junto ao Pai por eles e ainda defendeu-lhes a causa: "Pai, perdoa-lhes, porque não sabem o que fazem". O amor pensa no outro em primeiro lugar. O segredo da verdadeira comunhão é esta palavra: OUTROS. O nosso EU em primeiro lugar é o maior obstáculo para um relacionamento saudável e duradouro.

Vemos a recompensa de Jesus. O Pai o exaltou sobremaneira. Deu um nome supremo. Todos aqueles que o afrontaram agora vão se curvar diante dEle. Quem se humilha será exaltado. A vitória não é dos orgulhosos, mas dos humildes. Deles é o Reino dos céus. O segredo de se viver feliz é pensar nos outros mais do que em nós mesmos. Todo egocêntrico é infeliz. O verdadeiro amor não visa os seus próprios interesses. Quando o nosso mundo gira em torno do nosso eu, da nossa vontade, preferência, caprichos e idiossincrasias, começamos a adoecer. Quando tentamos forçar as pessoas à nossa volta para gravitar em redor de nós, tornamo-nos possessivos, carrascos emocionais, cerceando a liberdade dos outros. Quem assim procede vive inseguro, sente-se constantemente ameaçado e jamais consegue fazer amizades, pois não consegue confiar nas pessoas.

O egocentrismo, além de uma má formação da personalidade, é também um pecado grave. Ele é a causa das contendas, o motivo das brigas, a razão do ciúme, o progenitor do desastre nas relações.

Quantos lares desfeitos por causa desse mal! Quantas guerras de família em razão dessa atitude mesquinha! Quantas inimizades produzidas por esta postura! Quantas feridas são abertas no coração das pessoas por causa dessa atitude egocêntrica.

Na igreja de Filipos, a comunhão da igreja estava comprometida por causa desse pecado. Não havia harmonia entre os irmãos. Eles não estavam unidos de coração. Havia discórdia entre eles. Havia animosidade. Havia gente empanturrada de egoísmo. Havia pessoas que estavam trabalhando com motivações egoístas. Paulo corrige, então, esse desvio, dando-lhes não somente o exemplo de Cristo (v. 5-11), mas também o seu próprio exemplo (v. 12-18), o exemplo de Timóteo (v. 19-23) e o exemplo de Epafrodito (v. 25-30). Paulo, nesses quatro exemplos, sempre ressalta que os OUTROS vêm primeiro que o EU. No capítulo 1, ele mostrou que o segredo da felicidade é CRISTO. Para mim, disse ele, o viver é Cristo. Agora, ele diz que o segredo da felicidade são os OUTROS ocupando a primazia.

Quando o nosso EU ocupa o primeiro lugar, todas as vezes que nos sentimos ameaçados, prejudicados e injustiçados, reagimos com palavras ásperas ou com atitudes virulentas. Ficamos magoados, ressentidos e despejamos toda a nossa fúria sobre as pessoas, ferindo-as. Assim, cavamos fossos nos relacionamentos, destruímos pontes de amizades e vamos ficando isolados, ilhados em nossa solidão, perdendo, assim, nossa alegria.

O segredo para ser uma pessoa alegre é não permitir que as outras pessoas determinem as nossas reações. Muitas pessoas perdem o controle quando enfrentam uma turbulência nos relacionamentos interpessoais. Jesus nos diz que se alguém nos fere, devemos reagir transcendentalmente, oferecendo-lhe a outra face. Ele não esbravejou nem escoiceou seus algozes quando o surraram e lhe colocaram uma coroa de espinho na cabeça e uma cruz pesada sobre os ombros. Antes, como ovelha muda, foi para o gólgota. Naquela hora, seu silêncio foi sua vitória. Seu autocontrole revelou sua superioridade. A sua linguagem não foi vazada pelo fogo da vingança, mas aspergida pelo poder do perdão. As pessoas, mesmo sendo seus algozes, não puderam roubar-lhe a alegria. Seu coração não tinha espaço para o ódio, ainda que sofrendo a maior de todas as injustiças.

Jesus nos é apresentado no capítulo 1 como nossa vida (1:21), mas no capítulo 2 como nosso exemplo (2:5). É para ele que devemos olhar, se não desejamos que as pessoas roubem a nossa alegria.

3

AS COISAS MATERIAIS

Vivemos numa sociedade de consumo. Somos bombardeados diariamente por outdoors que agressivamente são estampados em cada esquina de rua e ao longo das avenidas mais movimentadas, objetivando gerar em nós uma necessidade compulsiva para comprar. A televisão abre um buraco de insatisfação no nosso coração, alardeando que a nossa felicidade depende não do que somos, mas do que compramos.

Nossa sociedade é materialista, mercantilista e consumista. Por esta causa, os valores são invertidos, pois as pessoas valem quanto têm. As pessoas valorizam mais o TER do que o SER. Dão mais valor ao DINHEIRO do que ao CARÁTER.

As pessoas hoje, para agradar as leis de consumo, compram coisas que não necessitam, com o dinheiro que não têm, para impressionar pessoas que não conhecem. Muitos chegam até a sacrificar valores absolutos para ter um pouco mais: matam, roubam, subornam, seqüestram, mentem, corrompem e são corrompidos para engordar seus rendimentos. Assistimos, nesses dias, uma onda de corrupção grassando no meio político. Homens empoleirados no poder, sedentos do enriquecimento fácil, fazem leis que garroteiam o povo e favorecem os poderosos.

Vemos, estarrecidos, homens sem escrúpulo, acobertados pela lei, togados, com o cetro da justiça nas mãos, mas cheios de avareza, bebendo a largos sorvos nas tetas gordas do erário público, enquanto o povo amarga a dura realidade da escassez.

A Bíblia diz que o amor ao dinheiro é raiz de todos os males (1Timóteo 6:10). É essa ganância louca que inspira os seqüestros criminosos. É essa sede perversa que move os traficantes celerados. É esse instinto maldito e esse veneno selvagem que nutrem os poderosos encastelados no poder, quase sempre praticando seus crimes à margem da lei ou sob os auspícios dela, para o desespero dos que não têm vez nem voz para gritar.

É o amor ao vil metal que tem provocado tantas guerras sangrentas, tantas mortes bárbaras, tantos crimes hediondos, tantos desastres na história.

A vida de um homem não consiste na quantidade de bens que possui. O coração do homem não se satisfaz com coisas. Perguntaram certa feita a um membro da família Rockfeller quanto mais dinheiro seria necessário para ele se satisfazer. Ele respondeu: um pouco mais. Se perguntarmos hoje a Bill Gates, o homem mais rico do mundo, que acumula uma fortuna de 40 bilhões de dólares, se ele está satisfeito, ele certamente vai querer um pouco mais. Sempre mais.

Muitas pessoas buscam a felicidade nas coisas e colhem a decepção. São iludidas como Fernão Dias Paes Leme, o bandeirante das esmeraldas que, depois de abraçar a sacola empanturrada de pedras preciosas, vê a vida esvair-se, sob o poder implacável da febre que embaça os seus olhos, mesmo diante do fulgor das pedras reluzentes. Jesus chamou de louco o homem que construiu celeiros, ajuntou tesouros e pensou que sua alma estava segura com toda aquela fartura acumulada (Lucas 12:16-21).

Jesus retratou com cores vivas a realidade sombria de um homem que viveu no luxo, no fausto, empavonado com sua riqueza, embebedado com sua glória, sem prestar atenção às necessidades da sua alma e sem estender a mão ao necessitado à sua porta. Morreu, teve um sepultamento engalanado, com muita pompa, muitos discursos, muitos elogios, muitas honrarias. Entretanto, Jesus levantou a ponta do véu e mostrou que do outro lado do tempo, aquele homem estava no inferno, atormentado em chamas inextinguíveis, consciente de sua desgraça, eternamente banido do céu, sem alívio, sem resposta ao seu clamor (Lucas 16:19-31). A riqueza o entorpeceu. A riqueza o enganou. A riqueza desviou sua atenção do verdadeiro sentido da vida. Confiou no dinheiro e pereceu.

Confiou no dinheiro e desprezou a Deus e ao próximo. Confiou no dinheiro e se entregou aos seus deleites e prazeres. Confiou no dinheiro e foi para o inferno.

AS COISAS MATERIAIS

Judas Iscariotes, mesmo sendo apóstolo de Jesus, deixou-se seduzir pelo brilho falso do dinheiro. Sua ganância o traiu e ele então traiu ao seu amigo e mestre. Vendeu Jesus por 30 moedas de prata. Judas traiu o seu nome (louvor), traiu o seu chamado, traiu seus talentos, traiu a confiança dos seus condiscípulos e se tornou um ladrão, um mercernário, um falso filantropo. Por isso, cometeu o maior erro: entregou Jesus aos seus inimigos, vendeu-o por dinheiro.

Essa história se repete hoje. Muitas pessoas, sem temor, têm se escondido no altar, têm se empoleirado no púlpito, usando artifícios e malabarismos, com a Bíblia na mão, arrancando dinheiro das pessoas, fazendo promessas que Deus não faz em sua Palavra, sem nenhum escrúpulo, mercadejando o Evangelho da graça, para alimentar sua ganância insaciável. Hoje, a religião, para muitos, tem sido um bom negócio, uma fonte de lucro, um caminho fácil de enriquecimento. O mercado da fé tem produto para todos os gostos. A oferta é abundante. A procura é imensa. A causa é a ganância. A conseqüência é o engano. O resultado é a decepção. O fim da linha é o inferno, a menos que haja arrependimento.

Muitas pessoas são como Geazi, servo do profeta Eliseu: vendem suas consciências, mentem e se entregam a toda sorte de engano para saciar sua ganância (2Reis 5:19-27). Perdem a paz, perdem a dignidade, a integridade, o caráter, o nome, a honra, a saúde, o ministério, a comunhão com Deus e a própria alma, por causa do amor ao dinheiro.

Outras pessoas são como Ananias e Safira (Atos 5:1-10): mentem ao Espírito Santo, tentam enganar a igreja, buscam arrancar elogios e aplausos dos homens, entregando no altar ofertas mentirosas. Querem ser conhecidos como filantropos, querem os lauréis, buscam a aprovação da comunidade, estão interessados no aplauso dos homens, no reconhecimento de suas obras caridosas, mas se esquecem que Deus vê o coração e perscruta as motivações.

Na verdade, Ananias e Safira faziam doações, não porque buscavam a glória de Deus, nem porque estavam sensibilizados diante da necessidade das pessoas. Na verdade, eles queriam que os holofotes estivessem refletidos em cima deles. Eles queriam glória para eles e, porque amavam o dinheiro, porque eram gananciosos, mentiram e por isso morreram.

O dinheiro não é mau em si mesmo. O dinheiro é bom. Ele é instrumento para resolver muitos problemas. Bem utilizado, ele é uma bênção. O dinheiro é um excelente servo, mas um péssimo patrão. O problema não é possuir dinheiro, mas ser possuído por ele. O problema não é ser rico, mas ser ganancioso. O problema não é ter, mas ter com avareza. É por isso que Paulo diz: "Ora, os que querem ficar ricos caem em tentação, e cilada, e em muitas concupiscências insensatas e perniciosas, as quais afogam os homens na ruína e perdição" (1Timóteo 6:9).

A Bíblia nos ensina que os filhos são herança de Deus (Salmos 127:3). Contudo, parece que a herança de Deus, para muitos, é o dinheiro. As pessoas gastam muito mais tempo buscando granjear dinheiro do que cuidando, ensinando, educando e disciplinando os filhos. Correm de um lado para o outro, acordam cedo, dormem tarde, assoberbados com muitas coisas, muitas vezes, em dois empregos, sempre com o objetivo de ganhar um pouco mais, de construir um futuro melhor, oferecer mais conforto à família, deixar um legado de herança mais significativo para os filhos.

Não é errado construir um patrimônio para o conforto da família. Não é errado os pais entesourarem para os filhos. Não é errado trabalhar com afinco e esmero. No entanto, algo nos preocupa nesta ciranda louca. É que as pessoas estão valorizando mais o dinheiro do que os relacionamentos. Os pais se preocupam mais em construir casas, comprar carros, adquirir apartamentos e alargar as suas posses do que construir o caráter dos seus filhos. Os pais não têm tempo para os filhos. Estão muito atarefados. Estão construindo o império financeiro da família. Estão envolvidos em muitos negócios. Estão investindo na herança dos filhos e não nos filhos.

Muitos pais tentam substituir presença por presentes. Entopem seus filhos de presentes para tentar compensar o vazio da ausência. Os filhos não precisam tanto de presentes, mas dos pais. Os filhos precisam não de quinquilharias eletrônicas, mas de conselhos, de amizade e intimidade com os pais. Os filhos não precisam tanto de conforto, mas de amor e presença dos pais.

A Bíblia fala de alguns pais que foram homens atarefados, que se tornaram notórios, granjearam fama e notoriedade, mas perderam seus filhos. Eli era sacerdote e juiz de Israel. Julgou o povo durante 40 anos. Percorreu a nação. Resolveu os problemas dos outros. Intercedeu diante de Deus pelo povo. Ministrou ao povo. Tinha uma agenda lotada, um calendário de trabalho intenso, mas não tinha tempo para observar os seus filhos. Eles foram crescendo dentro da igreja, mas sem orientação, sem balizas, sem limites, sem aconselhamento, sem disciplina. Tornaram-se filhos de belial, filhos do demônio. O pai foi um herói lá fora e um fracasso dentro de casa. Seus filhos levaram a nação a uma derrota fatídica, morreram tragicamente e a glória de Deus se apartou do povo (1Samuel 1-4).

Davi foi um grande homem. Pastor destemido. Soldado corajoso. Poeta inspirado. Músico extraordinário. Rei de qualidades excelentes. Derrotou feras, matou gigantes, venceu exércitos, conquistou terras, foi um herói aplaudido pelo povo. Construiu impérios. Ajuntou riquezas. Acumulou fortunas, mas não cuidou dos filhos. Não que ele não os amasse, mas não lhes dedicou o tempo devido. Não os aconselhou na hora certa. Não os confrontou quando necessário. Deu-lhes presentes, mas não presença. Por isso, enfrentou na família estupro, assassinato, conspiração, traição, derramamento de sangue. Seus filhos, mesmo no luxo, no fausto, na riqueza, foram infelizes, foram motivo de angústia para Davi, porque ele não cuidou devidamente dessa herança de Deus.

A Bíblia nos ensina que grande fonte de lucro é a piedade com contentamento (1Timóteo 6:6). As pessoas não precisam de muita coisa para serem felizes. Diz Paulo: "Porque nada temos trazido para o mundo, nem coisa alguma podemos levar dele. Tendo sustento e com que nos vestir, estejamos contentes" (1Timóteo 6:7-8).

Quando Paulo estava preso em Roma, escreveu sua carta aos Filipenses, agradecendo-lhes a generosidade da oferta que lhe foi enviada por meio de Epafrodito e testificando: "porque aprendi a viver contente em toda e qualquer situação... de tudo e em todas as circunstâncias, já tenho experiência, tanto de fartura como de fome, assim de abundância como de escassez" (Filipenses 4:11,12).

Foi por esta causa que Jesus nos alertou, no sermão do monte, que não devemos ajuntar tesouros aqui na terra, mas no céu. O dinheiro pode dar conforto, mas não compra a paz. Ele pode comprar remédio, mas não saúde. Ele pode comprar uma casa nova, mas não uma família. Ele pode entupir os filhos de presentes, mas não substitui a presença dos pais. Ele pode dar fama, mas não caráter. Ele pode impressionar os homens, mas não a Deus. Ele pode oferecer um funeral pomposo, mas não leva ninguém ao céu.

Na verdade, a preocupação com as coisas materiais são um grande ladrão da alegria. Quem vive roendo as unhas, afobado para ter mais, sempre mais, vive uma constante infelicidade.

Salomão, num momento de crise em sua vida, escreveu Eclesiastes, livro que retrata sua visão distorcida nos tempos de sua apostasia. No capítulo 2 deste livro, ele buscou em vão encontrar a felicidade no prazer da bebida, no fausto da riqueza, nas delícias do sexo e na glória da fama. Depois que sorveu a última gota destas experiências, encontrou no fundo da taça o amargor da vaidade e a decepção do vazio. Na verdade, Deus colocou a eternidade no coração do homem e só as coisas do céu, do alto, de Deus, podem preencher o vazio da sua alma.

Conversava, certa feita, com um amigo, muito rico e ele me disse:

— Hernandes, o homem rico tem duas grandes preocupações na vida que o consomem e lhe roubam a alegria: a primeira é a sede insaciável de ganhar, ganhar, ganhar e sempre ganhar mais. A segunda é o medo de perder, perder e perder.

Mas, então, por que as pessoas correm tanto atrás das coisas materiais? Por que elas pisam em cima das pessoas, esquecem até mesmo dos filhos, para buscar com avidez sempre ter mais? É que a avareza, a ganância, o brilho falso das riquezas terrenas ofuscaram-lhes os olhos do entendimento e elas nem se apercebem que o que elas buscam com tanta sofreguidão são ladrões que lhes roubam a possibilidade da verdadeira alegria.

AS COISAS MATERIAIS   53

Em Filipenses 3, Paulo mostra que a preocupação com as coisas terrenas é um dos ladrões da nossa alegria. No versículo 19, ele diz: "O destino deles é a perdição, o deus deles é o ventre, e a glória deles está na sua infâmia, visto que só se preocupam com as coisas terrenas". Vemos aqui algumas lições:

1. Paulo não está falando daquela responsável previdência que todos temos que ter em relação às coisas materiais. É óbvio que devemos planejar, trabalhar, economizar, investir e repartir. O cristão não pode ser inconseqüente em sua vida financeira. Ele não pode se meter em dívidas, desordenadamente. Ele não pode entrar num negócio sem antes calcular meticulosamente suas condições. Ele não pode comprometer seu nome nem o nome de Cristo em negócios escusos. Ele não pode se envolver em negociatas corruptoras. O bom nome é melhor do que riquezas (Provérbios 22:1). O cristão precisa ser controlado, modesto e cioso de seus compromissos financeiros. A fé não é irresponsável. Precisamos confiar em Deus e trabalhar com ardor e responsabilidade.

2. Paulo está condenando a atitude de fazer da vida uma corrida frenética na busca do ter e do possuir. Ele enfatiza: "só se preocupam com as coisas terrenas". Preocupar é uma coisa, só se preocupar é outra. Paulo está reprovando a idéia prevalecente deste século materialista, mercantilista e consumista, onde as pessoas insaciáveis querem sempre ter mais e mais. Paulo está condenando a filosofia prevalecente de que o ter é mais importante do que o ser. Ele está colocando o machado de Deus na raiz da árvore venenosa da ganância insaciável.

3. Paulo está rechaçando a idéia de o que o homem vive para comer. Há pessoas cujo Deus é o ventre. Há pessoas que vivem em função da gastronomia. São dominadas por um bolo de chocolate ou por uma garrafa de coca-cola. Jesus rejeitou a proposta do diabo em transformar pedra em pão, dizendo que não só de pão vive o homem, mas de toda a palavra que procede da boca de Deus (Mateus 4:4). A glutonaria é obra da carne, assim como a prostituição, a idolatria e a feitiçaria (Gálatas 5:19-21).

4. Paulo mostra que a glória daqueles que se entregam a esta filosofia hedonista, do prazer imediato, é uma glória chocha, vazia, perecível.

54   LADRÕES DA ALEGRIA

As pessoas que são dominadas por esta visão são soberbas, altivas e fúteis. Sua glória é a infâmia. Sua coroa é perecível. Sua recompensa é fugaz. Sua decepção é certa. Sua ruína é veloz.

5. Paulo, com matizes fortes, com palavras candentes, mostra o fim das pessoas que fizeram das coisas materiais a sua única preocupação na vida: "o destino deles é a perdição". Jesus disse que ninguém pode amar a Deus e as riquezas. Ninguém pode servir a Deus e a mamom ao mesmo tempo. A excessiva preocupação com as coisas materiais não só rouba a alegria, mas também a própria alma. Não só tira a felicidade na terra, mas impede a pessoa de ir ao céu. O segredo da verdadeira alegria é saber que quando temos Jesus, temos a maior das riquezas. Paulo diz: "Mas o que, para mim, era lucro, isto considerei perda por causa de Cristo. Sim, deveras considero tudo como perda, por causa da sublimidade do conhecimento de Cristo Jesus, meu Senhor; por amor do qual perdi todas as coisas e as considero como refugo, para conseguir a Cristo e ser achado nele" (Filipenses 3:7-9). Paulo mostra, ainda, que o segredo da felicidade é fazer de Jesus não só nossa riqueza maior, mas o nosso alvo mais excelente: "uma coisa faço: esquecendo das coisas que para trás ficam e avançando para as que diante de mim estão, prossigo para o alvo, para o prêmio da soberana vocação de Deus em Cristo Jesus" (Filipenses 3:13,14).

6. Paulo conclui dizendo que nossa alegria depende do fato de sabermos que nossa cidadania permanente está não na terra, mas no céu. "Pois a nossa pátria está nos céus, de onde também aguardamos o Salvador, o Senhor Jesus Cristo, o qual transformará o nosso corpo de humilhação, para ser igual ao corpo da sua glória" (Filipenses 3:20,21). Se a nossa pátria está no céu, é lá que devemos ajuntar o nosso tesouro (Mateus 6:19,21). Nascemos de cima, do alto, de Deus. Devemos ajuntar tesouros no céu. Devemos buscar as coisas lá do alto, onde Cristo vive (Colossenses 3:1-4). Lá está nossa casa. Lá será nossa morada permanente. Lá está nossa pátria.

Portanto, não deixemos que o ladrão da preocupação com as coisas materiais roube a nossa alegria nessa jornada para o céu.

4

A Ansiedade

Segundo o psicólogo Rollo May, a ansiedade é um dos problemas mais urgentes dos nossos dias. Ela foi denominada "a emoção oficial da nossa época". Vivemos numa sociedade em que as pessoas estão com os nervos à flor da pele. O estresse, a fadiga, a falta de paz são marcas registradas do homem moderno.

O nosso século tem assistido verdadeiros milagres na área do desenvolvimento científico. O homem moderno é um gigante na ciência, mas um anão na área moral. Alça vôos altaneiros na área do conhecimento, mas está no fundo de um poço na área dos sentimentos. Desvenda os mistérios dos planetas, faz viagens espaciais, mergulha nas profundezas dos mares e lá descobre tesouros, mas não consegue mergulhar no seu próprio coração, não consegue sanar seus próprios conflitos, não consegue resolver o seu problema de ansiedade.

A ansiedade é o fenômeno psicológico mais difundido hoje. É um sentimento de apreensão, mal-estar, tédio, preocupação, angústia e medo. A pessoa ansiosa vive roendo as unhas, perturbada, aflita, envolta em denso nevoeiro, mesmo que a tempestade ainda não tenha chegado. A pessoa ansiosa sofre antecipadamente. O problema ainda está a milhões de quilômetros dela e ela já está curtindo a sua dor.

A pessoa ansiosa, muitas vezes, sofre desnecessariamente, pois sofre com antecedência por um problema que, às vezes, não chega a acontecer. E mesmo que aconteça, ela sofre duas vezes, pois sofre antes e sofre depois, quando o problema chega. A palavra preocupação, na língua original, traz a idéia de estrangulamento. Quando a pessoa está cativa da ansiedade, ela é rasgada ao meio, agredida, violentada, esquizofrenizada.

A ansiedade não ajuda em nada na solução de um problema; pelo contrário, só agrava a situação, pois rouba as forças, drena as energias, agiganta os problemas, embaça a visão e enfraquece a fé. A ansiedade, muitas vezes, é subproduto da incredulidade, da incapacidade de crer que Deus está no controle. A ansiedade é conseqüência de uma visão míope, que só olha a fraqueza humana, sem observar a onipotência divina.

Muitas vezes, o salmista tocou nesta questão: "Eu sou pobre e necessitado, porém o Senhor cuida de mim". Há limitação no lado humano, mas há capacidade infinita do lado divino. As rédeas da minha vida estão nas mãos de Deus e não nas minhas mãos. Meu futuro é traçado por Deus e não por mim. Se Ele está no controle, posso descansar. Se Ele governa, posso confiar. Os filhos de Coré expressaram bem esta realidade: "Por que estás abatida, oh minha alma? Por que te perturbas dentro de mim? Espera em Deus, pois ainda o louvarei, a ele, meu auxílio e Deus meu"(Salmos 42:11).

Há pessoas que não apenas antecipam tempestades, mas são provocadoras de tempestades. Quando a pessoa conhece a vontade de Deus e mesmo assim toma direção contrária e oposta, ela passa a ser geradora de problemas onde está. Não há ninguém mais perigoso do que um cristão na contramão da vontade de Deus. Um cristão desobediente é um perigo. Um cristão rebelde é pior do que um ateu.

Deus mandou o profeta Jonas ir para Nínive e ele foi para Társis. Jonas queria que Deus odiasse os seus inimigos. Jonas não queria a salvação daquele povo. Deus se recusa a ser inimigo dos nossos inimigos. Deus ama incondicionalmente. Então, Jonas se dispôs a fugir de Deus. E foi para o fim do mundo. Társis era o último lugar do mapa naquela época. Pensou que lá Deus não o incomodaria. Que lá a Palavra de Deus não o alcançaria. Resolveu fugir. Pagou a sua passagem, desceu para o porão do navio e mergulhou na fuga do sono.

Mas quem pode fugir de Deus? Quem pode escapar das mãos do Senhor? Ele está no céu, no abismo, nos confins dos mares, em toda parte (Salmos 139:7-12). Deus mandou uma tempestade atrás de Jonas. O mar encapelou-se. As ondas se revoltaram contra a desobediência do profeta. O vento fuzilou o seu navio. Todos os passageiros se desesperaram, oraram, buscaram socorro nos seus deuses, enquanto Jonas, anestesiado, dormia o sono da indiferença e desobediência. Ele, em vez de ser bênção, foi maldição. Em vez de ser aliviador de tensão, foi provocador de tempestade. Em vez de ajudar a resolver os problemas, era a causa dos problemas. Quando o homem endurece o coração e tenta fugir de Deus, ele se torna incoerente. Jonas disse para os pagãos do navio que temia ao Senhor, o Deus do céu, que fez o mar e a terra. Se ele temia a Deus, por que o desobedecia? Se o temia, por que o desafiava, andando na contramão da sua vontade?

Sim, certamente um crente rebelde, mesmo que não sinta ansiedade, provoca ansiedade nas pessoas que vivem à sua volta.

Jesus nos ensina a não ficarmos ansiosos quanto: alimento (Mateus 6:25,26,31), roupa (Mateus 6:25,28-31) e futuro (Mateus 6:34).

Davi, no Salmo 55, descreve com matizes fortes as angústias que enfrentou: perturbação, opressão do inimigo, hostilização, medo da morte, vontade de fugir e se esconder. Contudo, a solução para a ansiedade é: "Confia os teus cuidados ao Senhor, e ele te susterá; jamais permitirá que o justo seja abalado" (Salmos 55:22).

O apóstolo Pedro, depois de sérias crises emocionais e espirituais em sua vida, recomenda: "Lançando sobre ele, toda a vossa ansiedade, porque ele tem cuidado de vós" (1Pedro 5:7)

A ansiedade vem quando nos afastamos de Deus e começamos a carregar os fardos da vida sozinhos, vivendo sem total dependência de Deus. Davi disse: "Entrega o teu caminho ao Senhor, confia nele, e o mais ele fará. Descansa no Senhor e espera nele" (Salmos 37:5,7). Os filhos de Coré pontuam com pertinência, em nome de Deus o remédio para a ansiedade: "Aquietai-vos e sabei que eu sou Deus, sou exaltado entre as nações, sou exaltado na terra" (Salmos 46:10).

Paulo, na carta aos Filipenses, fala sobre dois tipos de ansiedade: ansiedade quanto ao passado e ansiedade quanto ao futuro. O que é ansiedade quanto ao passado? No Capítulo 3:13, ele diz: "esquecendo das coisas que para trás ficam e avançando para as que diante de mim estão". Tem muita gente que vive ansiosa, porque nunca conseguiu resolver alguns problemas, pendências e traumas do passado. Carregam fardos antigos. Sofrem feridas velhas. Andam emborcadas com toneladas sobre as costas de problemas que já aconteceram há muito tempo. Tem muita gente ferida, traumatizada, machucada, com sentimento de culpa, esmagada emocionalmente por situações que viveram na infância, na juventude, há muitos anos. Há pessoas que foram vítimas de abuso sexual na infância e nunca se livraram desse trauma. Há pessoas que foram vítimas de traição no passado e nunca mais se reergueram. Há aqueles que cometeram pecados na juventude e que nunca mais conseguiram se apropriar do perdão de Deus. Vivem um verdadeiro inferno existencial.

O diabo tem todo interesse em nos convencer de duas coisas: não temos pecado ou, se temos convicção de pecado, ele não tem perdão. Tem gente que passa a vida inteira curtindo a sua dor, condoendo-se de sua desgraça porque nunca conseguiu tomar posse do perdão de Deus. Gente que não se perdoa nem perdoa. Gente amargurada com a vida, com o mundo.

Paulo era um homem terrível antes da sua conversão. Assim ele traça sua própria história: "a mim, que, noutro tempo, era blasfemo, e perseguidor, e insolente. Mas obtive misericórdia" (1 Timóteo 1:13). Ainda ele diz: "Persegui este Caminho até à morte, prendendo e metendo em cárceres homens e mulheres" (Atos 22:4). Diante do rei Agripa, Paulo ainda falou: "encerrei muitos dos santos nas prisões; e contra estes dava o meu voto, quando os matavam. Muitas vezes, os castiguei por todas as sinagogas, obrigando-os até a blasfemar. E, demasiadamente enfurecido contra eles, mesmo por cidades estranhas os perseguia" (Atos 26:10-11).

Se Paulo não tivesse compreendido o amor de Deus por ele, a obra de Cristo em seu favor e o glorioso perdão pela graça, seria um homem traumatizado, perturbado emocionalmente, com uma consciência torturada pela culpa. O que fazer com o seu passado? Tem gente que não vive o presente e tem medo do futuro porque nunca resolveu as pendências do passado. Tem gente que nunca foi curada dos traumas do passado. Tem gente que ainda está presa nas algemas do passado, no tronco das reminiscências amargas. Por isso, vive infeliz e ansiosa.

Certa feita, fui chamado para atender uma senhora idosa que andava muito deprimida e ansiosa. Já tinha ido a vários médicos, tomado várias fórmulas de remédio, consultado vários psicólogos, mas ainda continuava triste e ansiosa. Quando cheguei à sua casa, aquela mulher confidenciou que 60 anos atrás havia cometido um pecado contra o seu noivo. Agora, ela já era viúva, seu marido nunca ficou sabendo. Aquele pecado estava vivo em sua mente. Ela nunca teve paz em todos esses anos. Ela sempre viveu cativa desse sentimento avassalador, açoitada por um terrível sentimento de culpa. Chorei, ao perceber como aquela mulher havia sofrido 60 anos num cativeiro espiritual, num calabouço escuro porque não conseguiu resolver as pendências do seu passado. Falei para ela do amor incondicional de Deus, do perdão irrestrito de Jesus Cristo e da restauração que o Espírito de Deus desejava realizar em sua vida. Naquele mesmo dia, ela entregou sua vida a Cristo e recebeu a libertação de seus traumas e a cura de suas feridas emocionais e o perdão para os seus pecados pela fé em Cristo.

A Bíblia diz que "o que encobre as suas transgressões jamais prosperará; mas o que as confessa e deixa alcançará misericórdia" (Provérbios 28:13). O pecado não confessado adoece, perturba. Davi tentou esconder o seu pecado, sepultando-o vivo, mas o seu pecado como fantasma o aterrorizava. "Enquanto calei os meus pecados, envelheceram os meus ossos pelos meus constantes gemidos todo o dia. Porque a tua mão pesava dia e noite sobre mim, e o meu vigor se tornou em sequidão de estio" (Salmos 32:3,4).

Os irmãos de José do Egito, depois de 20 anos que o haviam vendido para os ismaelitas, ainda estavam com a consciência atormentada. Na verdade, o tempo não consegue cicatrizar esse tipo de ferida. Só a confissão, só o perdão pode restaurar e curar.

O outro tipo de ansiedade é em relação ao futuro. Paulo aborda esse assunto em Filipenses 4:6: "Não andeis ansiosos de coisa alguma". O homem tem medo do desconhecido. Ele tem medo do novo. Por isso, tem medo do amanhã. As perguntas básicas são: onde vou morar, onde vou trabalhar, onde vou estudar, com quem vou me casar, como vou sobreviver? Quero chamar sua atenção para algumas causas dessa ansiedade em relação do futuro:

1. A primeira é a ameaça. Tem muita gente perturbada pela ameaça de uma doença. Ficam angustiadas só em pensar em ficar doente, em cima de uma cama. Tem gente que tem medo de morrer. Ficam atônicas, tremem de medo só em pensar em morrer. Outras sofrem por ameaças psicológicas, como a perda de liberdade. Muita gente foge do casamento, porque tem medo de compartilhar sua vida, sua intimidade. Ainda outras sofrem pela falta de objetividade na vida. Olham para a vida e não encontram sentido, propósito, valor. Só tem casca, palha.

São como aquele personagem, descrito pelo Dr. John Mackay, em seu livro "O Sentido da Vida": Pear Gynn de Isbsen, procurando sentido para sua vida, percorreu mundos, viajou, conheceu cidades, países, desfrutou de muitas aventuras. Já velho, retornou à sua terra, chegou em sua antiga casa, foi ao quintal, num canteiro de cebolas, escavou o chão, arrancou uma cebola e começou a descascá-la, enquanto chorava lembrando a falta de sentido da sua vida. Ao fim, percebendo que a cebola não tinha cerne, senão casca, arrematou com tristeza: assim foi a minha vida, só casca. Muita gente também passa pela vida sem deixar marcas, sem fazer nada de concreto, de positivo e, por isso, colhe o vazio e abraça o nada. Tem outras pessoas que sofrem a ameaça psicológica da separação. São inseguras, possessivas, ciumentas, manipuladoras, chantagistas. Não conseguem confiar nos outros, porque são inseguras em si mesmas. Têm medo de casar ou, se são casadas, têm medo de perder os cônjuges. Não conseguem fazer amizades porque são inseguras e, muitas vezes, disfarçam essa insegurança, colocando a máscara da superioridade ou do perfeccionismo.

Certo dia, um colega de Seminário me disse que, de vez em quando, chorava à noite preocupado com a morte da sua mãe. Perguntei:

— Mas qual é o problema da sua mãe? Qual é a sua enfermidade? Ele me respondeu:

— Ela não está doente, mas eu choro só em pensar que um dia ela vai morrer.

A ANSIEDADE   **61**

Ele sofria realmente por uma ameaça irreal. Ele sofria por um problema inexistente. Sua ansiedade não era produzida pela situação, mas pelo seu sentimento turbulento.

2. A segunda causa da ansiedade é o conflito. O que vou fazer da minha vida? Que rumo vou tomar? Que curso vou fazer? Que emprego vou ter? Com quem vou me casar? Como será o futuro do meu filho? A maioria dos conflitos envolve uma decisão entre duas ou três alternativas. Quantas pessoas investem a vida toda numa profissão, sem ter a certeza de que esta é a sua vocação. Dr. John Mackay, famoso professor do Seminário de Princeton (New Jersey — EUA), no seu já referido livro "O sentido da vida", disse que a distribuição das vocações é mais importante do que a distribuição das riquezas. "Hoje, o grande problema social não é tanto o problema da divisão de riquezas, mas sim um problema de divisão de vocações",

Hoje estamos quase que divididos em dois grandes grupos: de um lado, grande quantidade de pessoas sem trabalho ou vocação e do outro, uma quantidade muito maior que não sente vocação para o papel que desempenham. Uns são vocacionados, mas não podem galgar o posto; outros galgam, mas não são vocacionados: querem apenas o status. Têm posição, mas nenhuma vocação: são médicos, advogados, legisladores, funcionários públicos, sacerdotes, professores e estudantes medíocres, deficitários. Procuram cargos em lugar de vocações.

Há muita gente fora do lugar na vida profissional. Isso gera conflito. Isso provoca ansiedade. Outras pessoas vivem um conflito desesperador ao despertarem para o fato de que se casaram precipitadamente e agora se vêm presas num relacionamento difícil, tenso, timbrado pelas marcas do ressentimento e da amargura. Olham para trás e só vêem decepção. Olham para o presente e só enxergam dor. Vislumbram o futuro e só divisam nuvens pardacentas. Então, mergulham no conflito de prosseguir nesse relacionamento vazio, estéril e espinhoso ou pular do barco e partir para uma nova experiência. Não há problema que tenha gerado maior conflito nesses dias do que a crise no casamento. Quase a metade dos casamentos realizados está sendo desfeita. Muita gente sai ferida e traumatizada.

Muitos filhos carregam as seqüelas inapagáveis da separação traumática de seus pais. Muitas gerações pagam o preço de uma decisão precipitada, de um relacionamento mal resolvido, de uma casamento mal feito. Abraão Lincoln, o grande estadista americano, foi extremamente infeliz em seu casamento com Mary Todd Lincoln. Era uma mulher ranzinza, briguenta e descontrolada emocionalmente. Muitas vezes, humilhava o presidente na presença de seus amigos. Certa feita, quando o presidente recebia algumas autoridades em sua casa para o café da manhã, ela, mal-humorada, jogou uma xícara de café quente no rosto do presidente. Ele quase sempre enfiava-se em intérminas reuniões até à madrugada, porque não tinha prazer de voltar para casa. Alguns de seus biógrafos disseram que a maior tragédia na vida de Abraão Lincoln não foi o seu assassinato, mas o seu casamento. Existem muitas pessoas na mesma situação conflituosa e isso produz uma profunda ansiedade.

3. A terceira causa da ansiedade é o medo. O medo é mais que um sentimento, é um "espírito". Paulo nos diz em 2 Timóteo 1:7 que Deus não nos tem dado espírito de medo. Muitas pessoas vivem atormentadas pelo medo. São cativas de muitas fobias. Há aqueles que temem o fracasso no trabalho, no casamento, nos negócios. Ficam paralisados, inertes. São como os dez espias incrédulos de Israel: só vêem gigantes à sua frente. Só olham as dificuldades. Superdimensionam os problemas e se encolhem esmagados por uma achatada auto-imagem. Olham para dentro de si e se vêem como insetos, como gafanhotos que serão esmagados pelas botas do adversário. Tem gente que teme o futuro: angustia-se diante do desconhecido. Deixa de crer na providência de Deus. Mergulha nas águas turvas da incredulidade. Teme a vida. Tem medo da morte. Receia ser rejeitado. Apavora-se diante da possibilidade da solidão. Encaverna-se, encaramuja-se e sente-se inadequada para a vida, naufragando no poço profundo da ansiedade.

4. A quarta causa da ansiedade são as necessidades insatisfeitas. Cecil Osborne, ilustre escritor na área da psicologia cristã, diz que existem seis necessidades básicas na vida do homem:

A ANSIEDADE

- Necessidade de sobrevivência — continuar existindo.
- Necessidade de segurança — econômica e emocional.
- Necessidade de sexo — como expressão de amor, como um ser sexual que somos.
- Necessidade de significado — ser alguém, ter valor.
- Necessidade de auto-realização — alcançar alvos satisfatórios, e
- Necessidade de personalidade — senso de identidade.

Segundo esse psicólogo, se falhamos em satisfazer essas necessidades, ficamos ansiosos.

Vejamos agora alguns efeitos da ansiedade na vida do homem.

1. Em primeiro lugar, vejamos as reações físicas. Provérbios 14:30 diz que "o ânimo sereno é a vida do corpo". Logo se deduz que uma vida atribulada, ansiosa, perturbada produz doença para o corpo. Mais de 50% das doenças são de origem psicossomática. A insônia hoje tira o sono de milhões de pessoas, inclusive crianças. Nossa geração vive debaixo do império dos calmantes. É a paz química, é o sono artificial. As pessoas hoje desconhecem o que Davi experimentou na agonia da perseguição de seu filho Absalão, que conspirava contra ele, para tomar o trono, quando diz: "Deito e pego no sono; acordo, porque o Senhor me sustenta" (Salmos 3:5) ou, quando entrincheirado pela angústia, dizia: "Em paz me deito e logo pego no sono, porque, Senhor, só tu me fazes repousar seguro" (Salmos 4:8). Há aqueles que, na angústia e ansiedade, perdem o apetite, com um nó no estômago, com uma dor cravada no peito e com lágrimas arrebentando nos olhos. Os filhos de Coré, diante da opressão dos inimigos, disseram: "As minhas lágrimas têm sido o meu alimento dia e noite" (Salmos 42:3). Davi, em face do seu pecado não confessado, declarou: "o meu vigor se tornou em sequidão de estio" (Salmos 32:4).

2. Em segundo lugar, vejamos as reações psicológicas. Normalmente uma pessoa ansiosa perde a capacidade de se relacionar. Fica encolhida, soprando as suas próprias feridas, condoendo-se de sua situação, revolvendo-se em sua amargura. A amargura não apenas perturba a pessoa que a carrega, mas contamina quem está perto. Assim

diz o escritor aos Hebreus: "nem haja alguma raiz de amargura que, brotando, vos perturbe, e, por meio dela, muitos sejam contaminados" (Hebreus 12:15). A palavra amargura, no grego, traz a idéia de cheiro de gambá ou cheiro de ovo podre. É impossível sentir-se confortável perto do mal-cheiro de um ovo podre. A pessoa amargurada, em vez de atrair as pessoas para perto de si, repele-as. Ela não apenas vive perturbada, mas contamina com o seu azedume quem convive com ela. A ansiedade também reduz o nível de produtividade, sufoca a criatividade e impede a pessoa de vislumbrar com clareza os horizontes à sua frente.

3. Em terceiro lugar, vejamos as reações de defesa. O homem sempre procurou mecanismos de defesa, quando se sentiu ameaçado. Tem sido assim desde o Éden. Adão culpou Eva. Eva culpou a serpente. Ninguém assumiu a culpa. Quando a ansiedade chega, tentamos justificar. Racionalizamos. Projetamos. Transferimos a responsabilidade. Criamos mecanismos de escape. Uns culpam os outros. Outros fogem pelos atalhos do álcool, das drogas e do cinismo.

4. Em quarto lugar, vejamos as reações espirituais. A ansiedade geralmente nos afasta de Deus justamente no momento em que mais precisamos dele. É como a semente que caiu no meio dos espinhos e foi sufocada. "O que foi semeado entre os espinhos é o que ouve a palavra, porém os cuidados do mundo e a fascinação das riquezas sufocam a palavra, e fica infrutífera" (Mateus 13:22). O grande problema da ansiedade é que ela, muitas vezes, nos faz correr de Deus e não para Deus. Ela nos afasta de Deus em vez de nos aproximar dele.

Quando Elias estava deprimido e ansioso, ele se escondeu em uma caverna. Ele queria morrer. Ele se sentiu só. Deus, porém, o tirou da caverna. Deus o fortaleceu. Deus mandou que ele desabafasse. Mostrou que ainda tinha trabalho para fazer. E isso curou sua depressão e devolveu a ele o significado da vida.

No capítulo 4 de Filipenses, Paulo evidencia, portanto, que a ansiedade é um dos ladrões da alegria. A ansiedade tem saqueado, espoliado e roubado a alegria de milhões de pessoas todos os dias. Mas como se ver livre desse terrível ladrão? Como ser curado desse mal tão avassalador? Warren Wirsbe, em seu excelente livro "Seja Alegre", fala sobre

A ANSIEDADE 65

três remédios infalíveis para curar a ansiedade e neutralizar esse ladrão da alegria. Que remédios são esses? O primeiro remédio é orar corretamente. "Não andeis ansiosos de coisa alguma; em tudo, porém, sejam conhecidas, diante de Deus, as vossas petições, pela oração e pela súplica, com ações de graças. E a paz de Deus, que excede todo o entendimento, guardará o vosso coração e a vossa mente em Cristo Jesus" (Filipenses 4:6,7). Paulo fala aqui de três tipos de oração:

- Oração de adoração;
- Oração de petição;
- Oração de ações de graça.

O que é oração de adoração? Quando adoramos a Deus, ressaltamos quem Deus é, quando lhe rendemos graças, agradecemo-lo por aquilo que Ele faz. Portanto, quando adoramos, engrandecemos a Deus pela majestade da sua pessoa, pela excelência dos seus atributos. Imagine, por exemplo, você se prostrando diante de Deus e declarando: "Eu te adoro, Senhor, porque tu és autoexistente, todo-poderoso, estás em todos os lugares, conheces todas as coisas, és imutável, imenso, infinito, santo, justo, bondoso, misericordioso, tardio em irar-se e grande em benignidade. Tu és fiel à tua palavra e às tuas promessas. Eu te adoro porque tu és o meu Deus. Tu cuidas de mim e minha vida está segura nos teus braços e as tuas mãos dirigem o meu destino".

Depois de uma oração assim, fica incoerente você ainda dizer que está ansioso com respeito à sua vida e ao seu futuro. Você retira a ansiedade ou retira a oração, porque as duas coisas não combinam. Daniel disse que "o povo que conhece ao seu Deus se tornará forte e ativo" (Daniel 11:32).

Muitas vezes, vivemos ansiosos porque não conhecemos quem é Deus. Não descansamos em suas promessas. Não experimentamos as ternas comunicações e consolações do seu Espírito. Vivemos tão mergulhados nos nossos problemas, que não temos tempo para ver a grandeza e a majestade de Deus. E quando olhamos para os problemas, em vez de olhar para o Senhor, naufragamos. Quando tiramos os olhos de Jesus e os fixamos nas ondas que se encapelam e na fúria do vento que conspira contra nós, deixamos de andar triunfantemente sobre as dificuldades. Quando perdemos de vista a glória do Senhor, tornamo-nos como Geazi, só enxergamos os exércitos inimigos que nos ameaçam e não os valentes de Deus que nos defendem (2Reis 6:15-18). É por isso que Jesus nos ensinou que devemos começar orando apresentando a Deus não os nossos pedidos, mas expressando a Ele a nossa adoração (Mateus 6:9-10).

Depois, Paulo fala que devemos apresentar a Deus as nossas petições e súplicas. Se Deus é todo-poderoso, se Ele tem toda a autoridade no céu e na terra, se Ele é nosso Pai e nos ama e cuida de nós, se deseja o nosso bem e investiu tudo em nós para que nós fôssemos conforme à imagem do seu Filho, então, podemos ter a certeza que Ele não sonega bem nenhum àqueles que andam retamente (Salmos 84:11). Se pedirmos pão, Ele não nos dará uma pedra. Se pedirmos peixe, Ele não nos dará uma cobra ou um escorpião (Mateus 7:9,10). "Ora, se vós, que sois maus, sabeis dar boas dádivas aos vossos filhos, quanto mais vosso Pai, que está nos céus, dará boas coisas aos que lhe pedirem?" (Mateus 7:11).

A bondade de Deus, porém, exige que Ele não nos dê tudo o que pedimos. A Bíblia diz: "Pedi, e dar-se-vos-á; buscai e achareis; batei, e abrir-se-vos-á. Pois todo o que pede recebe; o que busca encontra; e a quem bate, abrir-se-lhe-á." (Mateus 7:7,8). Veja o que o texto não diz. O texto não diz que o que pede recebe o que pede, senão que o que pede recebe. Deus não atende a nossa oração conforme a nossa vontade, porque, muitas vezes, isso seria a nossa ruína. Não sabemos orar como convém. Muitas vezes, pedimos mal para esbanjar em nossos próprios deleites. Diz Tiago: "Nada tendes, porque não pedis; pedis e não recebeis, porque pedis mal, para esbanjardes em vossos prazeres" (Tiago 4:2,3).

Deus tem alegria em nos atender. Seus celeiros estão sempre abarrotados. A oração não é para sensibilizar o coração de Deus. Deus sempre foi infinitamente misericordioso. A oração é o meio que o próprio Deus estabeleceu para nos conferir as suas bênçãos. Quando deixamos

A ANSIEDADE 67

de orar, deixamos de receber bênçãos que são nossas. Privamo-nos das benesses do céu, quando deixamos de orar. Deixamos de tomar posse das riquezas do Pai, quando cessamos de pedir. A oração é o meio de uma vida plena, rica, abundante, exuberante e cheia de alegria. Quando oramos, descansamos nos braços onipotentes de Deus e lançamos fora a ansiedade.

Finalmente, Paulo fala que devemos curar a ansiedade, usando a terapia da oração de gratidão. Ah, quantas bênçãos já temos recebido! A ansiedade nos faz ver a vida com óculos escuros, com lentes embaçadas. Quando estamos ansiosos, só olhamos para o entardecer e nunca para a luz da aurora. Quando estamos escravizados pelos tentáculos da ansiedade, temos uma visão pessimista da vida, sentimo-nos desanimados, fracos, impotentes, derrotados. Então, a tendência é começar a reclamar, a murmurar, a só ver os pontos negativos da vida. Levante a cabeça. Erga aos céus seu tributo de gratidão. Agradeça a Deus a sua vida. Louve-O pela sua salvação. Lembre-se quem você é: você é amado por Deus desde toda a eternidade.

Você é filho de Deus, herdeiro de Deus, cidadão do céu. Você é amigo de Deus, arauto de Deus, embaixador em nome de Deus. Você é ramo da videira verdadeira, ovelha de Cristo, noiva do Cordeiro. Você é a menina dos olhos de Deus, a delícia de Deus, a herança de Deus, a propriedade particular de Deus. Você é um príncipe, você tem valor, você é a habitação de Deus, templo vivo da morada do Espírito Santo. Você é mais do que vencedor em Cristo Jesus.

Oh! Louve ao Senhor por estas maravilhas! O mais rico, o mais famoso, o mais poderoso dos homens não tem a metade dos seus privilégios. Sua riqueza é eterna. Sua nobreza é celestial. Seu poder é espiritual. Você é membro da família de Deus, co-participante da natureza divina.

Quando você compreende estas maravilhas e toma posse delas, você não alberga mais ansiedade em seu coração.

O segundo remédio para curar a ansiedade é pensar corretamente. "Finalmente, irmãos, tudo o que é verdadeiro, tudo o que é respeitável, tudo o que é justo, tudo o que é puro, tudo o que é amável, tudo o que é de boa fama, se alguma virtude há e se algum louvor existe, seja isso o que ocupe o vosso pensamento" (Filipenses 4:8). As nossas grandes batalhas são travadas na área do pensamento. Os dardos mais inflamados do diabo são lançados no campo das idéias. O mundo é dirigido pelas idéias. Os conceitos determinam o comportamento e este, os sentimentos.

Nossa sociedade está cheia de pessoas vazias, deprimidas e ansiosas, porque as pessoas estão vivendo na contramão da vontade de Deus. E elas estão vivendo assim, porque seguem os seus pensamentos vãos. Dr. Lawrence Crabb Jr, renomado psicólogo cristão, disse que o pensamento determina o comportamento e o comportamento determina o sentimento. Segundo ele, não podemos mudar o sentimento das pessoas simplesmente mudando o comportamento delas. Não se trata de um behaviorismo comportamentalista. As pessoas fazem o que fazem porque pensam o que pensam. "Assim como o homem pensa no seu coração, assim ele é." As pessoas só mudarão se suas mentes forem transformadas. Não há possibilidade de mudança para o homem, sem que sua cosmovisão seja mudada, sem que seus princípios sejam transformados, sem que sua mente seja transformada na mente de Cristo.

A nossa geração está confusa, por isso, doente emocionalmente. Os divãs psicanalíticos estão abarrotados. As agendas dos psicólogos e analistas estão lotadas. O homem moderno não consegue se encontrar. Ele está perdido nos labirintos do seu próprio coração. Ele busca um sentido para vida, uma saída para seus conflitos, um alívio para a sua dor, uma explicação para o seu dilema. Muitos, encurralados por crises medonhas, entrincheirados por angústias desesperadoras, buscam fuga nos divãs químicos. Outros enveredam-se pelos atalhos de um misticismo que lhes promete soluções imediatas.

Na verdade, o homem em grande parte é resultado daquilo que ele joga para dentro do seu coração pelas janelas dos seus sentidos. Muitas vezes, a sua ansiedade é produto daquilo que ele armazenou durante a vida. Tem muita gente que guarda nos arquivos da memória coisas horrendas. Gente que alimentou sua alma de lixo. Gente que entulhou o coração de coisas imundas. Gente que esconde no sacrário da

A ANSIEDADE 69

alma e no porão da mente quinquilharias do inferno. Gente que sempre abasteceu o coração de imundícia, de impureza e de perversidades morais. E agora, tudo isso transborda, transpira e, como uma enxurrada pestilenta e nauseabunda, inunda a vida de angústia, de ansiedade e tristeza. O homem impuro tira do seu coração coisas impuras. Da impureza não sai coisa limpa. Da fonte poluída não jorra água límpida.

Você, em grande parte, é um produto daquilo que acumulou, ajuntou e armazenou no seu coração. Se você sempre alimentou os olhos com a lascívia, se você sempre nutriu a sua alma com a ganância, se você sempre abasteceu o seu coração de vaidade, então você será uma pessoa impura, avarenta e fútil. Dos espinheiros não se colhe figos. A árvore má não produz bons frutos. A fonte amarga não jorra água doce. Lobos não geram ovelhas.

Muitas pessoas vivem atribuladas na área dos sonhos. São chicoteadas por pesadelos, são atormentadas por sonhos horríveis. Em grande parte, isso se explica pelo fato de essas pessoas terem nos arquivos da memória e do subconsciente guardado imagens, palavras e experiências cheias de violência, traição e impureza. Aquilo que jogamos para dentro de nós é o que vai sair em palavras, em ações, reações e sonhos.

Precisamos fazer uma faxina em nossa memória. Precisamos jogar fora muita coisa que está guardada a sete chaves nos arquivos do nosso coração, azedando a nossa vida. Precisamos ser purificados. Precisamos ser transformados pela renovação da nossa mente (Romanos 12:2).

A única maneira de termos vitória nessa área estratégica dos pensamentos é levar todos os nossos pensamentos cativos à obediência de Cristo (2Coríntios 10:5), para que o meditar do nosso coração seja agradável na presença de Deus (Salmos 19:14). Precisamos alimentar a nossa mente não com imagens pornográficas, cenas de violência e terror dos filmes que saem das sucursais do inferno, mas abastecer a nossa mente com a santa e pura Palavra de Deus. Só através dela podemos ser santificados (João 17:17), guardar puros os nossos caminhos (Salmos 119:9) e vencer esse ladrão da alegria que é a ansiedade.

O terceiro remédio para curar a ansiedade é agir corretamente. "O que também aprendestes, e recebestes, e ouvistes, e vistes em mim, isso praticai; e o Deus da paz será convosco" (Filipenses 4:9). Para curar esse mal terrível da ansiedade não basta saber; é preciso praticar. Não basta informação; é preciso transformação. Não basta conhecimento; é preciso obediência.

Muita gente sabe demais, tem um conhecimento profundo, mergulha nas águas profundas do saber, caminha com perícia invulgar pelos corredores da Palavra de Deus, sabe exegetizar com maestria os textos mais profundos, maneja com fluência e exatidão a hermenêutica sagrada, mas não pratica, não obedece. É ortodoxo de cabeça e herege de conduta. É intransigente na doutrina e permissivo na ética.

Vivemos hoje a tragédia dessa dicotomia: muitos são zelosos da verdade, mas relaxados com a vida. Brigam pela doutrina, mas não levam Deus a sério. Professam crer em Deus, mas o negam com as suas obras. Esse abismo entre a profissão de fé e a vida, entre a teologia e a ética, produz hipocrisia, gera ansiedade, e resulta em escândalo para o Evangelho.

Outros são carismáticos na liturgia, mas permissivos na conduta. São radicais e piedosos em público e devassos na vida privada. Estamos estarrecidos com o alto índice de pastores e líderes caindo em adultério, sendo protagonistas de escândalos vergonhosos. Homens que eram tão austeros no púlpito, na condenação ao pecado, e ao mesmo tempo, vivendo em pecados escandalosos na vida íntima. Homens que, por não vigiarem, caíram no laço do diabo, vivendo vida dupla, arrebentando-se nos rochedos do escândalo público, deixando para trás um rastro de decepção, uma seqüela inglória de feridas e mágoas.

Paulo alerta que não basta saber a verdade; é preciso obedecê-la, pois conhecer a verdade sem obedecê-la não nos inocenta; pelo contrário, nos torna mais responsáveis e mais culpados (Tiago 3:1).

Ninguém consegue ser curado da ansiedade sem resolver as causas que a produzem. Não adianta curar superficialmente as feridas do povo. Não adianta dar aspirina a quem precisa de uma cirurgia. O abcesso, o tumor infecto precisa ser removido. O mal precisa ser extirpado. As raízes que contaminam precisam ser arrancadas. Não basta um calmante. Não é suficiente um coquetel de soníferos. É preciso ir

A ANSIEDADE

à raiz do problema, tratar da causa e não apenas ver o sintoma. É preciso existir um diagnóstico certo, para o que o remédio seja eficaz. O pecado que adoece precisa ser confessado (Salmos 32:3-5). A iniqüidade não pode ser mais encoberta, mas confessada e abandonada para que se alcance misericórdia (Provérbios 28:13). É preciso que haja arrependimento e confissão, para que brote a alegria e a cura do perdão. É preciso que o mal seja extirpado e o erro deixado, para que a ansiedade seja curada.

Do contrário, esse ladrão da alegria, manterá sua pobre vítima em cativeiro, no calabouço do diabo.

Paulo conclui o capítulo 4 de Filipenses contando sua própria experiência: ele estava preso, mas feliz. Reinava em seu coração contentamento e não ansiedade. Ele tinha motivos de sobra para estar ansioso: estava preso; ao longo de sua carreira missionária, havia suportado açoites, prisões, ataques de todos os lados e ingratidão e até desprezo de muitos irmãos. O contentamento, por isso, não é sentimento automático, mas um aprendizado: "porque aprendi a viver contente em toda e qualquer situação" (Filipenses 4:11).

Sua alegria não foi roubada pelo ladrão da ansiedade, porque a sua fonte de força e poder não estava nas circunstâncias, nem nele mesmo, mas em Jesus: "Tanto sei estar humilhado como também ser honrado; de tudo e em todas as circunstâncias, já tenho experiência, tanto de fartura como de fome; assim de abundância como de escassez; tudo posso naquele que me fortalece" (Filipenses 4:12,13).

Esta gloriosa ventura não era apenas um legado para Paulo, mas uma bênção para toda a igreja. Sempre que alguém ousar confiar em Cristo poderá experimentar também a alegria de uma vida plena, sem ansiedade quanto ao amanhã: "E o meu Deus, segundo a sua riqueza em glória, há de suprir, em Cristo Jesus, cada uma de vossas necessidades" (Filipenses 4:19).

Você não precisa ser mais saqueado, roubado e espoliado pelos ladrões da alegria. Você é um guerreiro de Deus. Ponha esses ladrões atrás das grades. Viva em liberdade, na graça de Deus, no poder do Espírito Santo e em nome de Jesus. Amém!

CONCLUSÃO

Espero em Deus que este livro tenha sido remédio para a sua vida e bálsamo do Espírito Santo para o seu coração.

Tire a sua alma do cárcere. Abandone os fardos pesados da tristeza. Pare de remoer seus traumas do passado. Levante a cabeça. Não viva mais como um derrotado. Você não foi criado para ser um perdedor. Você não tem que continuar de cabeça baixa pela vida. Reaja em nome de Jesus. Se o pecado o escraviza, saiba que o sangue de Cristo pode limpar você de todo pecado, libertar você de todos os traumas, curar você de todos os complexos, purificar sua mente de todas as memórias amargas. Não deixe que as crises de ontem roubem sua alegria de hoje. Não permita que as lutas do presente toldem a esperança do seu amanhã.

Creia em Deus. Ele está no trono. Ele está no controle de todas as coisas. Todas as coisas cooperam para o bem daqueles que amam a Deus. Amanhã vai ser melhor. Você não caminha para um ocaso triste, mas para um amanhecer glorioso. Se você crê em Cristo como seu Salvador e Senhor, o fim da estrada é a glória e não o caos.

Você está escondido com Cristo em Deus. Você tem ao seu dispor toda a armadura de Deus. A suprema grandeza do poder de Deus lhe pertence. Você é herdeiro de Deus. Tudo que o Pai tem lhe pertence. Você é cidadão do céu. Você está assentado com Cristo nas regiões celestes, acima de todo principado e potestade. Ainda que o inferno inteiro se levante contra você, não poderá arrancá-lo das mãos de Jesus. Seu nome está escrito no livro da vida. Você está selado com o Espírito Santo. Você é propriedade particular de Deus. Você é a menina dos olhos de Deus. Você é a herança de Deus. Você tem todos os motivos para ser uma pessoa feliz, alegre e vitoriosa.

Não deixe que os ladrões da alegria roubem este bem precioso que você tem em Cristo. Prenda os ladrões. Viva na liberdade dos filhos de Deus, desfrutando agora e sempre desta alegria indizível e cheia de glória.

Sua opinião é importante para nós.
Por gentileza, envie-nos seus comentários pelo e-mail:

editorial@hagnos.com.br

Visite nosso site:

www.hagnos.com.br